LA

PETITE FADETTE

OPÉRA-COMIQUE

REPRÉSENTÉ POUR LA PREMIÈRE FOIS, A PARIS, SUR LE THÉATRE DE L'OPÉRA-COMIQUE, LE 15 SEPTEMBRE 1869

CHATILLON-SUR-SEINE. — IMPRIMERIE E. CORNILLAC

LA

PETITE FADETTE

OPÉRA-COMIQUE

EN TROIS ACTES EN CINQ TABLEAUX

DE

GEORGE SAND

MUSIQUE DE

THÉODORE SEMET

MISE EN SCÈNE DE M. MOCKER

PARIS

MICHEL LÉVY FRÈRES, ÉDITEURS

RUE VIVIENNE, 2 BIS, ET BOULEVARD DES ITALIENS, 15

A LA LIBRAIRIE NOUVELLE

1869

PERSONNAGES

LANDRY	MM.	BARRÉ.
BARBEAU		GAILLARD.
SYLVINET	Mlle	GUILLOT.
CADET-CAILLAUX	M.	POTEL.
FADETTE	Mmes	GALLI-MARIÉ.
MADELON		BELIA.
LA MÈRE FADET		REVILLY.

La scène se passe dans un village du Berry.

NOTA. La partition de la *Petite Fadette* et les morceaux détachés se trouvent chez MM. Brandier et Dufour, éditeurs de musique.

LA

PETITE FADETTE

ACTE PREMIER

PREMIER TABLEAU

Le soir. Une clairière au bord de l'eau. Au fond la cabane de la mère Fadet.

SCÈNE PREMIÈRE

SYLVINET seul, CHŒUR LOINTAIN, puis FADETTE.

SYLVINET, seul, entrant par le fond.

Voici le soir! Comment retrouver mon chemin?
Si je ne dois rentrer au logis que demain
Que diront-ils là-bas? Et comment dormirai-je?
C'est le lutin, bien sûr, qui m'a pris à son piége!

CHŒUR, dans le lointain.

Amis, le jour s'en va!
Notre demeure est proche...
Au nom de saint Andoche
Demain fête et gala!...

SYLVINET, remontant au fond.

Hé! mes amis, c'est moi!... Ne pouvez-vous m'attendre?
Au hameau je rentre avec vous!
Ils ne répondent pas!... Ils passent sans m'entendre!

Me voici seul avec les loups-garous,
Les farfadets et les hibous !...

Regardant autour de lui avec inquiétude.

Malgré moi je tremble !
Malgré moi j'ai peur !
Dans l'ombre, il me semble
Qu'un démon moqueur
Rit du noir souci qui trouble mon cœur !

La fenêtre de la mère Fadet s'éclaire.

Là-bas, là-bas, sous la clairière
De l'autre côté du ruisseau,
C'est la maison de la sorcière !...

Un feu follet passe sous les saules et brille parmi les roseaux.

Et ce feu qui danse sur l'eau,
C'est le follet !... Sa voix m'attire !
Il m'appelle !... Je l'entends dire :

« Viens, Sylvinet, suis-moi
Sous l'eau claire et profonde !...
Le bonheur en ce monde
N'était pas fait pour toi !... »
Malgré moi je tremble !
Malgré moi j'ai peur !
Dans l'ombre, il me semble
Qu'un démon moqueur
Rit du noir souci qui trouble mon cœur !

Un silence.

LA VOIX DE FADETTE, sous les arbres.

Fadet, Fadet, petit Fadet !...
Prends ta chandelle et ton cornet !...

SYLVINET, se cachant.

Qu'entends-je là !.. C'est le follet !

FADETTE, paraissant au fond.

J'ai pris ma cape et mon capet !
Chaque Follette a son Follet !

Fadette traverse le fond du théâtre en cueillant des simples qu'elle met dans son panier.

C'est l'heure où les grillons
Que le jour importune,
Chantent dans les sillons
Au clair de lune.

C'est l'heure où, sur les eaux,
Les lutins, troupe folle,
Suivent dans les roseaux
Un feu qui vole!

Dans l'ombre fleurit
L'herbe qui guérit,
Près de la rose parfumée
Qu'attend demain la bien-aimée?

Fadet, Fadet, petit Fadet!
Prends ta chandelle et ton cornet!...
J'ai pris ma cape et mon capet!
Chaque Follette a son Follet!...

SYLVINET, *reparaissant.*

C'est la voix de Fanchon Fadet.

LE CHŒUR, *dans le lointain.*

Amis, le jour s'en va!
Notre demeure est proche...
Au nom de saint Andoche
Demain fête et gala!

SCÈNE II

FADETTE, SYLVINET.

SYLVINET, *à part.*

Oui, oui, c'est Fadette!...

FADETTE, *sans se retourner.*

Bonsoir, Sylvinet.

SYLVINET, *s'arrêtant court et à part.*

Hein? Comment sait-elle que je suis là?

FADETTE.

Approche donc! Est-ce que je te fais peur?

SYLVINET.

Pourquoi me ferais-tu peur, Fanchon Fadet? (S'approchant avec précaution.) Tu m'avais donc vu en passant?

FADETTE.

Non.

SYLVINET.

Et comment as-tu deviné que j'étais là?

FADETTE, souriant.

Est-ce que je ne devine pas tout?

SYLVINET.

Au fait... on dit dans le pays que tu es un peu sorcière...

FADETTE.

Si on le dit, Sylvinet, il faut le croire.

SYLVINET.

Qu'est-ce que tu fais donc là?

FADETTE.

Tu vois... je cherche dans l'ombre le trèfle à quatre feuilles qui se trouve bien rarement et qui porte bonheur à ceux qui peuvent mettre la main dessus.

SYLVINET.

Si c'est ainsi, je le chercherais volontiers avec toi!.. L'as-tu trouvé déjà?

FADETTE.

Pas encore... mais je cueille, en attendant, des simples dont ma grand'mère sait faire emploi pour guérir les pauvres malades. (Souriant.) C'est moins difficile à trouver... et c'est plus sûr.

SYLVINET.

La mère Fadet passe pour connaître bien des secrets!..

FADETTE.

J'en connais aussi plus d'un: (S'approchant de Sylvinet.) je sais, par exemple, pourquoi tu as quitté, ce matin, sans rien dire, la maison de ton père, pourquoi tu as couru tout le jour à travers bois, loin de tout sentier, comme un chevreau affolé !... Je sais pourquoi tu viens ici te cacher sous les saules, au bord de l'eau, à l'heure où les travailleurs rentrent gaiement au logis, en causant de la fête de demain!... Je sais enfin ce qui te trouble le cœur et l'esprit, Sylvinet!... Je le sais!

SYLVINET.

Ah!... tu sais?... Quoi donc?...

FADETTE.

Veux-tu que je te le dise?

SYLVINET.

Oui... parle.

FADETTE.

Eh bien!.. Sylvinet, tu es jaloux de ton frère Landry!

SYLVINET.

Moi?

FADETTE.

Laisse-moi dire : Landry est beau, Landry est galant, Landry est choyé de tous!.. Le père Barbeau est fier de lui!.. La Madelon en raffolle!.. Toutes les filles en sont coiffées!.. Toi, Sylvinet, mon pauvre Sylvinet, on te traite encore en enfant, on ne prend point souci de toi ; et tu te crois pour cela méprisé de ton père... comme de la Madelon!.. Tu t'es mis en tête qu'on ne t'aime pas... qu'on te trouve mal venu et méprisable!.. Tu te persuades que tu es malheureux!.. Et, un beau matin, te voilà parti, décidé à ne plus rentrer au logis, à te cacher dans les bois... à chercher, qui sait? au fond de cette eau grondante parmi les roseaux!.. (Mouvement de Sylvinet.) Mais non!.. La Fadette est là pour t'arrêter, pour te gourmander!.. (Lui tendant la main.) et pour te consoler, si tu veux, Sylvinet!..

SYLVINET, ému.

Ah! Fadette! Tu n'es donc pas méchante et moqueuse comme on le dit!

FADETTE.

Si, si! Je suis méchante pour qui me veut du mal, et je me moque de ceux qui font fi de moi! (Écoutant.) Mais chut!.. J'entends marcher par là... C'est toi qu'on cherche, Sylvinet!.. Cache-toi un moment sous les arbres... et laisse-moi faire.

Elle pousse Sylvinet derrière le feuillage. Landry entre par le fond.

SYLVINET, à part.

Landry!...

Il se cache dans les feuilles et disparaît.

SCÈNE III

FADETTE, LANDRY.

La nuit s'obscurcit peu à peu pendant cette scène.

LANDRY.

Est-ce toi, Sylvinet?

FADETTE.

Non.

LANDRY.

Qui donc est là? (S'approchant et reconnaissant Fadette.) Ah! c'est toi!...

FADETTE.

Oui.

LANDRY, lui tournant le dos.

Bonsoir.

FADETTE.

Bonsoir! (Landry s'éloigne.) Mais vous êtes bien pressé de vous en aller, monsieur Landry! On croirait que vous avez honte de me parler...

LANDRY.

J'ai hâte de rentrer au logis et je n'ai rien à te dire.

FADETTE.

Alors passez votre chemin. Moi, je n'ai rien à vous répondre.

LANDRY, revenant sur ses pas.

Ecoute pourtant!.. Pendant que tu rôdais par ici, peut-être as-tu vu courir sous les arbres...

FADETTE.

Le feu follet?

LANDRY.

Non.

FADETTE.

Votre bélier noir qui s'est encore échappé?..

LANDRY, avec brusquerie.

Tu te moques de moi, méchant Fadet! Adieu.

Il remonte vers le fond pour s'éloigner.

FADETTE.

Méfiez-vous! Les bords du ruisseau sont dangereux dans la nuit.

LANDRY.

Merci.

FADETTE.

Ne me remerciez pas pour cela, monsieur Landry! C'est un avis que je vous donne, voilà tout; et je ne suis point digne de vos remercîments.

LANDRY.

Pourquoi donc? Quand tu fais le bien, par hasard, on peut t'en savoir gré comme à tout autre.

FADETTE.

Et quand, par hasard, vous êtes poli, monsieur Landry, on peut aussi, je pense, vous faire compliment.

LANDRY.

Soit. Mais je t'avertis que je n'ai point de temps à perdre et que je ne suis guère en humeur de rire.

FADETTE.

Au fait, qu'est-ce que vous cherchez donc par ici à pareille heure? (Riant.) Ce n'est pas pour moi que vous venez, bien sûr! Ce n'est pas non plus pour consulter la mère Fadet? Vous avez trop d'esprit pour croire à sa sorcellerie... Et vous êtes bien trop fier pour demander conseil et assistance à qui que ce soit. Est-ce que la Madelon vous a donné rendez-vous à l'occasion de la Saint-Andoche! (Landry ne répond rien et regarde sous les arbres.) C'est elle que vous attendez, beau Landry?.. afin d'être le premier à l'inviter pour la fête de demain... C'est elle que vous cherchez sous la clairière?... (Mouvement d'impatience de Landry.) Non?.. Alors c'est peut-être votre frère Sylvinet...

LANDRY, se rapprochant vivement.

Sylvinet!

FADETTE.

Sylvinet qui s'est enfui de la maison depuis ce matin...

LANDRY.

Qui te l'a dit?

FADETTE.

Pauvre enfant!... Dieu sait où il est maintenant et si jamais vous le reverrez!

LANDRY.

Comment?...

FADETTE.

Ne comprenez-vous point qu'il a le cœur affligé depuis longtemps... et l'esprit malade par excès de tendresse? Ne voyez-vous point qu'il se désole à part lui de n'être pas aimé et choyé comme il voudrait l'être!... qu'il s'attriste de la préférence de son père pour vous... qu'il est jaloux de l'amitié que vous témoignez à la Madelon? N'auriez-vous pas dû avoir pitié de son mal et l'en guérir à force de caresses et de bonnes paroles? Mais non! Les beaux yeux de Madelon et les écus de son oncle défunt vous préoccupent plus que les pleurs du pauvre Sylvinet. Et l'enfant s'en va pour ne plus revenir!.. Il court à travers champs jusqu'à la nuit... Il vient rôder près de la rivière.. Et si le feu follet l'attire, si quelque esprit méchant le conseille... qui peut l'empêcher de suivre son mauvais dessein?

LANDRY.

Que veux-tu dire? Tu l'as donc vu?

FADETTE.

Je l'ai vu et je lui ai parlé.

LANDRY.

Alors... tu dois savoir...

FADETTE.

Oui... je sais où vous le retrouverez.

LANDRY, vivement.

Eh bien, dis-le moi!

FADETTE.

Et qu'est-ce que vous me donnerez si je vous le dis?

LANDRY.

Voyons, sois bonne fille. Montre-moi ton bon cœur, Fanchon, et je croirai que tu vaux mieux que ton air et tes paroles.

FADETTE.

Et pourquoi serais-je bonne fille pour vous quand vous me traitez de méchante, sans que je vous aie jamais fait de mal?

LANDRY.

Si mon frère est en danger, et que tu me conduises tout de suite auprès de lui, il n'est rien que je ne consente à te donner en remerciement.

FADETTE.

Eh bien! nous verrons ça, Landry. (Elle lui tend la main en signe d'accord.) Souvenez-vous de votre promesse.

LANDRY.

C'est promis, Fadette, c'est signé!

FADETTE.

Vous m'accorderez la première chose que je vous demanderai?

LANDRY.

Oui... je le jure...

FADETTE.

Venez donc par ici!... Je vais vous faire retrouver Sylvinet. (Elle écarte le feuillage.) Ah! il n'est plus là! — Il sera parti en vous voyant venir, de peur d'être gourmandé par vous!..

LANDRY,

Dis plutôt que tu mentais, mauvais lutin, et que tu riais de mon souci!

FADETTE.

Je mentais!

LANDRY.

Adieu!

FADETTE.

Chut! écoutez!

SYLVINET, sous les arbres.

Fadet, Fadet, petit Fadet
Prends ta chandelle et ton cornet...

LANDRY.

C'est lui!... c'est Sylvinet!

FADETTE.

Eh! oui, c'est Sylvinet!

SYLVINET, au loin.

J'ai pris ma cape et mon capet!
Chaque Follette a son Follet!

FADETTE.

Il chante ma chanson.

LANDRY.

Adieu donc, il me tarde
De le rejoindre...

FADETTE.

Adieu, beau Landry... mais prends garde
De te perdre en chemin!...

LANDRY, remontant au fond.

Il fait si noir, ma foi,
Que je ne trouve plus le gué!...

FADETTE, railleuse.

Les eaux sont hautes!
Ne va pas te noyer pour racheter tes fautes!

LANDRY, hésitant.

Comment passer?

FADETTE.

Il faut avoir recours à moi!
L'eau sombre et profonde
Roule, écume et gronde!
Et moi seule je peux te guider dans la nuit.

LANDRY.

Viens donc!

FADETTE.

Jure d'abord de tenir ta promesse!

LANDRY.

Soit... c'est promis!... mais le temps presse
Partons!

FADETTE.

Partons, Landry...

Montrant le feu follet qui brille de nouveau.

Suivons ce feu qui luit.

LANDRY.

Ce feu!

FADETTE.

C'est le Follet lui-même qui nous guide!
Qu'est-ce donc?... As-tu peur de quelque tour perfide?
Donne, donne ta main, Fadette te conduit.

LANDRY, *lui donnant la main.*

Advienne que pourra!... soit... marchons!... on te suit!

SYLVINET, *dans l'éloignement.*

Fadet, Fadet, petit Fadet
Prends ta chandelle et ton cornet...
Etc., etc.

La voix de Sylvinet se perd dans l'éloignement. Landry et Fadette traversent le ruisseau en se tenant la main.

CHANGEMENT A VUE

DEUXIÈME TABLEAU

LA SAINT-ANDOCHE

La place du village, éclairée par un gai soleil. Mâts pavoisés, baraques de saltimbanques, etc.

SCÈNE PREMIÈRE

PAYSANS et PAYSANNES en habits de fête, MARCHANDS FORAINS, SALTIMBANQUES, CHARLATANS, BUVEURS attablés sous les arbres.

CHŒUR.

Pour fêter la Saint-Andoche,
Vieux parents, beaux amoureux,
Emplissez votre sacoche,
Et faites les généreux !...
Aux sons de l'antique cloche,
Au bruit des joyeux refrains,
Videz gaîment votre poche
Chez tous les marchands forains !
Pour fêter la Saint-Andoche,
Vieux parents, beaux amoureux,
Emplissez votre sacoche,
Et faites les généreux !...

LES COLPORTEURS.

Anneaux d'or et pendants d'oreilles !
Rubans de toutes les couleurs !
Jupons neufs, robes sans pareilles !

LES MARCHANDES DE FLEURS.

Roses de mai, lilas en fleurs !

UN SALTIMBANQUE, *sur ses tréteaux.*

Entrez tous! c'est ici le pays des merveilles!

UN CHARLATAN, *sur sa voiture.*

Remède universel qui guérit tous les maux
Des hommes et des animaux!...

Une troupe de petits paysans entre en scène en riant et en gambadant.

REPRISE DU CHŒUR.

Pour fêter la Saint-Andoche
Vieux parents, beaux amoureux,
Emplissez votre sacoche,
Et faites les généreux!...
Buvons, rions, chantons, fêtons la Saint-Andoche!

Madelon paraît au fond, suivie de Cadet-Caillaux. Madelon est parée de ses plus beaux atours. Cadet a revêtu son habit de gala, rubans au chapeau et bouquet à la boutonnière.

SCÈNE II

MÊMES, MADELON, CADET-CAILLAUX.

CADET.

Permettez-moi, la belle,
De vous offrir la main,

MADELON

Merci de tant de zèle!
Je connais mon chemin.

CADET.

Prenez ce qui vous tente,
Et faites votre choix.

MADELON.

Votre offre est trop galante!
Merci pour cette fois!

CADET.

Ah! belle Madelon, ne faites point la vaine!
Acceptez sans dire merci!

MADELON.

Cadet, ami Cadet, votre prière est vaine !
J'ai pour l'heure un autre souci.

CADET.

Si Landry vous oublie,
On peut le remplacer !

MADELON.

Landry !... quelle folie !...
On saura s'en passer !...

CADET, d'un air passionné.

Ah ! vous n'auriez qu'à dire
Si vous vouliez de moi !...

MADELON, le repoussant gaiement.

Ne me faites pas rire !
Cousin, tenez-vous coi !

CADET.

Ah ! belle Madelon, ne faites point la vaine !
Acceptez sans dire merci !

MADELON, riant.

Cadet, cousin Cadet, votre prière est vaine !
J'ai pour l'heure un autre souci !

Elle lui fait une révérence et s'éloigne

CADET, la suivant.

Mais enfin quel souci ?...

MADELON.

Quoi !... faut-il vous le dire ?..
J'ai souci de danser, de chanter et de rire !...

Se tournant vers les jeunes paysans qui se sont approchés d'elle.

En attendant la danse, amis, une chanson !

TOUS, accourant.

Une chanson !... Une chanson !...
Oui !... chantez, belle Madelon !...

CADET, parlé.

La chanson du bois joli !

TOUS.

Oui, oui, la chanson du bois joli !

MADELON,

Soit...

CHANSON BERRICHONNE.

Ah ! le joli bois !
Le joli, charmant, petit bois, mesdames !
Mais dedans ce bois devine ce qu'il y a...
Il y a un arbre, le plus beau des arbres.
L'arbre est dans le bois !
Ah ! le joli bois !

Le joli, charmant, petit bois, mesdames !
Mais dedans cet arbre devine ce qu'il y a...
Il y a un nid, le plus beau des nids.
Le nid est dans l'arbre
L'arbre est dans le bois !
Ah ! le joli bois !

Le joli, charmant, petit bois, mesdames !
Mais dedans ce nid devine ce qu'il y a...
Il y a un dieu... ce dieu est l'amour !
L'amour est dans le nid
Le nid est dans l'arbre
L'arbre est dans le bois !
Ah ! le joli bois !
Le joli, charmant, petit bois, mesdames !

LE CHŒUR

Ah ! le joli bois !
Le joli, charmant, petit bois, mesdames !

TOUS.

Merci, Madelon !
Merci de ta chanson !

MADELON, *à part, avec dépit.*

Landry n'est point là pour m'entendre.

CADET, *se rapprochant pour lui offrir son bras.*

Puisque Landry se fait attendre
Acceptez mon bras sans façon.

MADELON.

Soit.

A part, prenant le bras de Cadet.

Il mérite une leçon.

Elle s'éloigne au bras de Cadet.

ENSEMBLE GÉNÉRAL.

Pour fêter la Saint-Andoche
Etc.

LES MARCHANDS.

Anneaux d'or, pendants d'oreilles!
Jupons neufs, robes sans pareilles!

LE CHARLATAN.

Remède universel qui guérit tous les maux
Des hommes et des animaux!...

REPRISE DU CHOEUR.

Pour fêter la Saint-Andoche
Vieux parents, beaux amoureux,
Emplissez votre sacoche,
Et faites les généreux!...
Etc., etc.

Jusqu'à la fin de l'acte, les promeneurs circulent au fond, s'arrêtant pour causer avec les marchands.

SCÈNE III

BARBEAU, LANDRY.

BARBEAU.

Arrive donc, Landry!... Je te dis que c'est elle que je vois là-bas... en compagnie de son cousin Cadet-Caillaux...

LANDRY, rêveur.

Eh bien! mon père, laissons-les se promener; nous les rejoindrons tout à l'heure.

BARBEAU.

Oui-dà!... Tu ne me parais guères empressé... Et la Madelon pourrait bien...

LANDRY.

Bah!... Ce n'est point cela qui me tourmente l'esprit pour l'instant.

BARBEAU.

Quoi donc, alors?

LANDRY.

Je songe aux choses que m'a dites hier la Fadette.

BARBEAU.

Es-tu fou de prendre souci du bavardage de cette petite vagabonde?

LANDRY, *rêveur.*

Fadette a raison. Sylvinet n'est pas heureux chez nous! Sylvinet se croit méprisé à cause de son âge. Je vous prie donc, mon père, de montrer, à l'avenir, moins d'amitié pour moi, et de mon côté, je tâcherai de ne plus parler si haut de mon amour pour Madelon. Sylvinet, peut-être, se guérira de son mal et ne songera plus à nous quitter,

BARBEAU.

Au diantre Sylvinet!... Il s'agit bien de Sylvinet!

LANDRY.

Rappelez-vous, mon père, qu'il n'a pas eu, comme moi, les baisers de notre mère pour endormir ses premiers chagrins... C'est le dernier venu de la famille... Vous l'avez toujours rudoyé plus que moi... Vous le traitez encore en enfant. Il a le droit de croire que nous ne l'aimons pas... et il souffre... et il pleure... Et il rôde, le soir, près de l'eau avec de mauvaises pensées!

BARBEAU.

Allons donc! Il est jaloux de toi, voilà tout... C'est une chétive nature qu'il faut redresser et corriger par des remontrances, et non par des caresses. Laisse-moi faire et n'en prends point souci. Ce n'est pas de cela d'ailleurs qu'il s'agit pour l'instant. Nous venons à la fête pour faire la cour à la Madelon et nous ne sommes pas d'humeur à nous laisser couper l'herbe sous le pied par le cousin Cadet-Caillaux.

LANDRY.

Vous tenez donc bien, mon père, à me faire épouser la Madelon?

BARBEAU.

Est-ce que tu ne l'aimes pas?

LANDRY.

Si fait!... Je la trouve belle fille et elle ne me déplaît point.

BARBEAU.

Songe aussi qu'elle vient d'hériter et que cet héritage la fait riche.

LANDRY.

Oh!... Ce n'est point son argent qui me tente.

BARBEAU.

Pourquoi donc? L'argent n'est jamais de trop, mon garçon! C'est la première chose à laquelle il faut songer, quand on prend femme!

COUPLETS.

I

Il faut, lorsqu'on entre en ménage,
De peur de passer pour un sot
Faire choix d'une fille sage,
Et riche d'une belle dot.
Il faut lorsque l'on se marie
Garnir la cave et le cellier!...
La guerre est dans la bergerie,
Quand l'herbe manque au râtelier!

II

Il faut qu'en passant notre porte,
La belle qui s'unit à nous
Nous fasse riche, et nous apporte
Linge neuf, meubles et bijoux.

Il faut lorsque l'on se marie
Garnir la cave et le cellier !...
La guerre est dans la bergerie
Quand l'herbe manque au râtelier.

LANDRY.

Chut! Voici Madelon!

SCÈNE IV

LES MÊMES, MADELON.

MADELON.

Ah! vous voilà! Bonjour, papa Barbeau! — Bonjour, Landry! (Elle lui tend la main.) Comme vous venez tard à la fête! J'ai déjà eu le temps de faire le tour du champ de foire avec mon cousin Cadet. Il m'a offert son bras, je l'ai accepté, et nous avons visité ensemble toutes les boutiques. Bien mieux! Comme il était par hasard en humeur de générosité, et un peu pour mes jolis yeux, je pense, il m'a bien honnêtement offert tous les affiquets qui pourraient m'agréer... Et, ma foi!... je ne me suis point fait trop prier. J'ai dit mon choix... et il a payé. Seulement, comme je vous ai aperçus ici tous les deux, je l'ai quitté un peu brusquement pour venir vous rejoindre. Il doit être encore là-bas, avec toute sa marchandise sur les bras. Il me cherche, il m'appelle... Et le voilà.

Entre Cadet les bras chargés d'objets de toute sorte, dentelles, rubans, etc.

SCÈNE V

LES MÊMES, CADET.

CADET, avec mauvaise humeur.

Eh bien! mademoiselle Madelon... vous me plantez là!... chargé de tous ces attiffages choisis par vous!... Et que j'ai payés! Je vous cherche pour vous les offrir, et je vous retrouve ici en conversation avec...

BARBEAU.

Bonjour, Cadet!

CADET.

Votre serviteur, monsieur Barbeau.

LANDRY.

Eh bien! Cadet, tu hérites donc du bien de ta tante, comme Madelon a hérité de celui de son oncle? Voilà deux magots qui ne demandent qu'à se marier.

CADET.

Tout juste, Landry!

BARBEAU.

Diantre! Tu t'es mis en frais aujourd'hui! On voit bien que la tante t'a laissé une grosse somme!... Tu n'étais pas si généreux avant l'héritage!

LANDRY.

Quand on aime, mon père, on n'y regarde pas de si près! Il n'est rien de tel que l'amour pour délier les cordons de la bourse! — Le plus avare se fait magnifique pour plaire à sa belle.

CADET, *à part.*

M'est avis qu'ils se moquent de moi!

MADELON.

Portez cela chez moi, monsieur Cadet, et venez ici nous retrouver pour la danse.

CADET.

Vous me promettez la première ronde?

LANDRY.

Pardon!... J'ai déjà fait mon invitation.

CADET.

Mais...

LANDRY.

Plaît-il?

CADET.

Je ne dis rien. Ce sera pour la seconde... ou la troisième.

Clameurs et éclats de rire dans la coulisse.

BARBEAU.

Qu'est-ce? Qu'arrive-t-il par là?

Entre Sylvinet.

SCÈNE VI

LES MÊMES, SYLVINET.

MADELON.

Pourquoi ces cris... ces éclats de rire?

SYLVINET.

C'est la Fadette qu'on poursuit... et qu'on plaisante à cause de son ajustement de fête!...

LANDRY et MADELON.

La Fadette!

SYLVINET.

Pauvre fille! Elle n'est peut-être pas aussi à mépriser qu'on croit!.. Elle n'est point coquette... et rusée comme les autres!... Et personne ne la défend!... Personne n'a pitié d'elle!

BARBEAU.

Laisse donc, nigaud. Elle se défendra bien elle-même.

Nouveau bruit dans la coulisse.

SYLVINET.

En attendant, voilà tous les garnements du pays à ses trousses!... et si j'étais assez fort pour la protéger!...

Il remonte vers le fond.

MADELON, à Landry.

On voit bien que Fanchon ne vous aime pas! Sylvinet n'est point jaloux de celle-là?

CADET.

La voilà!... (Riant.) Ah! ah! ah! ah! quel bonnet!...

Entre Fadette poursuivie par une troupe de petits paysans. Elle a mis son jupon neuf et s'est coiffée d'un bonnet de sa grand'mère.

SCÈNE VII

LES MÊMES, FADETTE, PETITS PAYSANS.

CHOEUR DES PETITS PAYSANS.

C'est Fadette !
La grelette !
La râlette !
C'est Fadette.
Ha ! ha ! ha ! ha ! ha ! ha !

FADETTE, tenant tête aux rieurs.

Oui, c'est moi, c'est moi, c'est moi !

LE CHŒUR, riant.

Elle a volé, sur ma foi,
La coiffe de sa grand'mère !

FADETTE.

Oui, vraiment ! — Et j'en suis fière !

LE CHŒUR.

Fière, dit-elle ! — Pourquoi ?

L'entourant et la montrant du doigt.

C'est Fadette !
La grelette !
La râlette !
C'est Fadette !
Ha ! ha ! ha ! ha ! ha ! ha !

MADELON, s'approchant de Fadette.

Comme te voilà parée !
On ne te reconnaît plus...
Mais quelle mine effarée !
Quel air honteux et confus !...
Viens, Fadette ! Viens là, ma belle !... qu'on t'admire !

FADETTE.

A mes dépens, oui-dà, comme eux vous voulez rire!...
Prenez garde, amis! De vous tous ici
Je peux rire aussi!...

Ma grand' mère
Est sorcière,
C'est certain!
Moi, Fanchette,
La Fadette,
Chacun sait que je suis un lutin!

TOUS.

C'est un lutin!

FADETTE.

Je vois tout ce qui se passe!
J'entends tout ce qui se dit!...
Ce qu'on raconte à voix basse
Le diable en fait son profit!...

A un vieux paysan.

Je sais que ton argent est caché dans ta cave,
Et que ta porte est close aux malheureux!...

A un jeune garçon.

Toi qui fais le brave
Tu n'es qu'un peureux!

A une jeune paysanne.

Toi qui fais fi d'aimer, veux-tu, belle Denise,
Veux-tu que je te dise
Le nom de tous tes amoureux?

DEMI-CHŒUR, avec colère.

Ah! c'est indigne! C'est affreux!

DEMI-CHŒUR, riant.

Elle a dit vrai! Tant pis pour eux!

FANCHETTE, se tournant vers Cadet.

Toi, Cadet, sans te faire offense,
Je sais que tu n'es pas aussi riche qu'on pense;

Et qu'avec tous les biens que le ciel t'a donnés,
Tu te crois, à part toi, moins bête que tu n'es !

Se tournant vers Madelon.

Vous, belle Madelon, la reine du village,
Je sais, lorsqu'un galant s'informe de votre âge,
Que pour le payer de ses soins
Vous vous rajeunissez de cinq ans... pour le moins !

On rit.

MADELON et CADET, *parlé.*

Hein ! plaît-il, insolente ! fille du diable !

FADETTE.

Ma grand'mère
Est sorcière,
C'est certain !
Moi, Fanchette
La Fadette,
Chacun sait que je suis un lutin !

TOUS.

C'est un lutin !
C'est un lutin !

Bruit de violons et de tambourins dans la coulisse.

LE CHŒUR.

Amis, entendez-vous ! C'est l'heure de la danse !
Au diable la Fadette !..

BARBEAU, *redescendant en scène avec Landry.*

Allons, invite-la...
N'attends pas que Cadet sur toi prenne l'avance.

S'éloignant.

Je rejoins les buveurs...

CADET, *s'élançant vers Madelon.*

Cousine !...

LANDRY, *de son côté, s'approchant de Madelon.*

Me voilà...
Votre main...

MADELON.

Volontiers.

CADET, avec dépit.

Hein ? Plaît-il ?

FADETTE, se plaçant entre Landry et Madelon.

Halte-là !

MADELON.

Qu'est-ce donc ? Que nous veut encore cette folle ?

LANDRY, avec impatience.

Oui, parle !

FADETTE.

Souviens-toi, Landry, de ta parole.

Les paysans se rapprochent pour écouter.

N'as-tu pas, cette nuit,
Sous la verte clairière
Où danse un feu qui luit,
N'as-tu pas fait serment d'exaucer ma prière ?

MADELON et le CHŒUR.

Cette nuit, dit-elle ! Elle ment !

LANDRY.

Je me souviens de mon serment...
Et je tiendrai la foi jurée !...
Qu'exiges-tu de moi ? Fais ta demande !...

FADETTE.

Bien !
Je veux... sentir ton bras s'appuyer sur le mien...
Et danser avec toi la première bourrée !...

MADELON et le CHŒUR, riant.

Ah ! ah ! ah ! C'est pour lui qu'elle s'était parée !

LANDRY.

Soit. Je n'ai plus le droit de te refuser rien !

Lui prenant la main.

Viens !...

CADET et le CHŒUR, avec surprise.

Il consent !...

MADELON, dépitée.

Et moi !

LANDRY, à Sylvinet qui a reparu depuis quelques instants.

Sylvinet, prends ma place !

Sylvinet avec empressement.

MADELON, d'un air de dédain, le repoussant.

Sylvinet ! Un enfant ! Merci ! Je vous rends grâce !

SYLVINET, à part, avec rage.

Elle fait fi de moi !...

MADELON, à Cadet.

Votre bras !...

FADETTE, triomphante.

Faites place !

Elle entraine Landry. Les paysans la suivent en riant. Madelon et Cadet sortent les derniers. Sylvinet reste quelque temps au fond à regarder danser ; puis il disparait sous les arbres. On entend une musique joyeuse dans la coulisse. Les petits paysans sont seuls restés en scène. Quand tout le monde est sorti ils se rassemblent en courant sur le devant du théâtre.

SCÈNE VIII

CHŒUR DES PETITS PAYSANS, à demi-voix.

Fadette qui naguère
Ne dansait qu'avec nous,
Aujourd'hui fait la fière
Et nous méprise tous !
Si vous voulez bien rire,
Amis, à notre tour,
Vengeons-nous, sans rien dire,
Par quelque méchant tour !...

UN PETIT PAYSAN, allant regarder dans la coulisse.

Elle saute avec rage !

LES AUTRES, riant.

C'est plaisir de la voir
Avec son beau corsage,
Et son gentil coiffage !

Riant.

Ah ! ah ! ah ! quel dommage
De ne pas la laisser danser jusqu'à ce soir !

Se rassemblant de nouveau.

Fadette qui naguère
Ne dansait qu'avec nous,
Aujourd'hui fait la fière
Et nous méprise tous!
Si vous voulez bien rire,
Amis, à notre tour
Vengeons-nous sans rien dire
Par quelque méchant tour!

Ils sortent en courant. Madelon entre suivie de Cadet.

SCÈNE IX

MADELON, CADET.

CADET, empressé et hors d'haleine.

Qu'avez-vous, Madelon? Pourquoi quitter la danse?

MADELON, exaspérée.

Taisez-vous! Laissez-moi! Ne me dites plus rien!
J'enrage de tant d'impudence!...

CADET.

Dame!... on ne savait pas qu'elle dansait si bien!

MADELON.

Oui!... c'est la reine de la fête!
Landry lui-même en perd la tête!...

Rires et clameurs dans la coulisse.

Mais que se passe-t-il par là?... Pourquoi ces cris?

Elle court regarder dans la coulisse.

Ah! ah!... le tour est bon!... c'est bien fait?... et j'en ris!

Entre Fadette, les cheveux dénoués, et se débattant avec colère au milieu des petits paysans ameutés contre elle. L'un d'eux agite en l'air au bout d'un bâton la coiffe qu'il vient de lui arracher.

SCÈNE X

LES MÊMES, FADETTE, LES PAYSANS, puis LANDRY, puis BARBEAU, et SYLVINET.

FADETTE.

Ce que vous faites-là... c'est méchant !... et c'est lâche !

LES PETITS PAYSANS, riant.

Ah ! ah !... la Fadette se fâche !

LANDRY, entrant précipitamment et repoussant les paysans qui cherchent à le retenir.

Oui, Fadette a raison !... c'est méchant et c'est lâche !

Il arrache le bâton et le bonnet des mains du petit paysan.

CHŒUR DES FILLETTES.

Landry nous donne tort !
Fadette, la sorcière,
Pour sûr, lui jette un sort !
Demain dans la clairière
Où chantent les hibous,
Nous le verrons mener les loups !

LES PAYSANS.

Demain dans la clairière
Il mènera les loups !...

LANDRY.

Taisez-vous !... taisez-vous !
S'il me plait aujourd'hui de danser avec elle
Que vous importe ?... et pourquoi l'insulter ?
Parce qu'elle n'est point riche, avenante et belle,
A-t-on raison de rire et de la maltraiter !...
Moi, j'ai le droit d'agir suivant ma fantaisie !
Et je protégerai celle que j'ai choisie !...

FADETTE.

Adieu, Landry, je pars et je te remercie.

Elle remonte vers le fond. Les paysans lui barrent le passage.

LE CHŒUR, avec des éclats de rire.

Quoi! partir ainsi
Sans nous dire aussi
Merci!...

LANDRY, les écartant violemment et les menaçant de son bâton.

Livrez-lui passage!
Ou craignez ma rage!
Et gare les coups!
Je vous brave tous!

LE CHŒUR.

Quelle aveugle rage!
De son vain courage,
Amis, moquons-nous!
Et gare les coups!

BARBEAU, accourant.

Holà! quel tapage!
Quelle folle rage!
Viens, Landry, suis-nous!
Ces gens-là sont fous!

SYLVINET, s'élançant pour défendre Landry.

Courage! courage!
Moi, malgré mon âge
Je les brave tous!
Viens!... défendons-nous!

FADETTE, à Landry.

Qu'importe leur rage
Et leur fol outrage?
Évite leurs coups!
Et séparons-nous!

MADELON, à part.

C'est moi qu'il outrage!
Cachons-lui ma rage
Mon dépit jaloux!

A Cadet.

Vite éloignons-nous!

CADET, à Madelon.

Quelle folle rage,
Et quel vain courage !...
Ce n'est point pour vous
Qu'il brave leurs coups !

LANDRY, ouvrant un passage à Fadette, au milieu des paysans qui reculent.

Livrez-lui passage
Ou gare les coups !

Fadette sort en courant. Landry, le bâton levé, arrête les paysans qui veulent la poursuivre. Sylvinet se range près de lui pour le défendre.

FIN DU PREMIER ACTE

ACTE DEUXIÈME

TROISIÈME TABLEAU

LA CABANE DE LA MÈRE FADET

Au lever du rideau, la vieille est assise devant son rouet. Une lampe éclaire le théâtre.

SCÈNE PREMIÈRE

LA MÈRE FADET, seule, puis FADETTE.

LA MÈRE FADET.

Fanchon ne rentre pas!.. Qu'est-ce donc qui la retient si tard! (On entend au loin la voix de Fadette.) Eh! il me semble que c'est elle que j'entends là-bas!..

FADETTE, au dehors.

I

Sur la colline et dans la plaine
Au loin déjà l'ombre s'étend!
D'un noir souci mon âme est pleine!
Hélas! nul ne m'attend!

LA MÈRE FADET.

Oui, c'est bien elle que j'entend!

FADETTE, *paraissant.*

II

Blanches clartés du ciel sans voiles
Calmez ma peine et mon émoi !
Esprits du soir, pâles étoiles,
Ayez pitié de moi !

SCÈNE II

LA MÈRE FADET, FADETTE.

LA MÈRE FADET.

Eh bien, qu'as-tu donc, Fanchette?

FADETTE.

Ah ! c'est vous, grand'mère!

LA MÈRE FADET.

Que t'est-il arrivé?.. Qu'as-tu fait de ton bonnet?

FADETTE, *avec animation.*

Ah ! ne m'en parlez pas... de ce bonnet maudit!.. C'est lui qui est cause de tout!.. Dès qu'on m'a vue paraître avec votre coiffage, grand'mère, tous les jeunes garçons du pays se sont mis à courir après moi avec des rires et des huées! les plus hardis me tiraient par ma jupe!.. les autres me montraient au doigt! il s'en est même trouvé d'assez hardis pour me jeter des pierres, et on m'aurait chassée de la danse si Landry ne s'était point trouvé là pour me défendre et me sauver de l'affront qu'on voulait me faire.

LA MÈRE FADET.

Landry ?

FADETTE.

Le fils du père Barbeau, le fermier.

LA MÈRE FADET.

Le père Barbeau... je le connais.. c'est un vaniteux, un orgueilleux qui se croit le plus riche du pays et qui n'aime que ses écus... Son frère Sylvain avait d'autres défauts... mais il ne valait pas mieux que lui.

FADETTE.

Son frère Sylvain?

LA MÈRE FADET.

Oui, oui... Je l'ai connu aussi, et par malheur Landry ressemble sans doute à l'un et à l'autre. Pourquoi a-t-il pris ta défense?

FADETTE.

Parce qu'il est bon et courageux!.. et aussi peut-être parce que je lui avais rendu service.

LA MÈRE FADET.

Prends garde, fillette!... Il n'y a rien de dangereux comme de rendre service aux jeunes garçons!... Ta mère autrefois a pris pitié d'un pauvre soldat blessé qui revenait se faire soigner au pays. Le malade une fois guéri... s'en est allé sans dire adieu... ni merci... Et ta mère venait à peine de te donner le jour... que le chagrin... et la honte fermèrent ses yeux pour tout jamais!.. Souviens-toi de cette histoire-là, Fanchon!.. et vis comme moi.. dans l'ombre, toute seule, loin des mauvais cœurs et loin de toute tentation.. Fais le bien si tu peux, profite des secrets que je t'ai appris pour venir à ton tour en aide aux souffreteux... mais si on te traite pour cela de fée ou de sorcière, et si l'on te méprise... n'en prends point souci et console-toi en pensant que l'âme de ta mère est satisfaite et que le bon Dieu te donne raison.

FADETTE.

Oui, grand'mère!... Je ferai comme vous!... Je vivrai seule.. toute seule!... je n'aimerai jamais!.. je ne serai la femme de personne!

LA MÈRE FADET.

Oui!.. mais tu soupires en disant cela!.. ton cœur peut-être est déjà pris.

FADETTE.

Non! non?

LA MÈRE FADET.

Qui sait? ce beau Landry?..

FADETTE.

Ne parlons plus de lui, grand'mère... je vous en prie!

LA MÈRE FADET.

Pourquoi?

FADETTE.

Landry est riche!... Landry est orgueilleux comme son père!..

LA MÈRE FADET.

Oui-dà!

FADETTE, tristement.

Il ne voudrait jamais d'une fille comme moi, pauvre, méprisée, laide... et sans nom!

LA MÈRE FADET.

C'est bien possible, ma pauvre Fadette!..

FADETTE, tristement.

C'est certain.

LA MÈRE FADET.

Pour lors ne pensons plus à lui! à moins qu'un jour..

FADETTE.

Quoi donc!

LA MÈRE FADET.

S'il te tombait par hasard, du ciel, une belle dot!..

FADETTE.

Une dot, à moi?.. grand'mère!.. Vous voulez rire!

LA MÈRE FADET, riant.

Eh! eh! ces choses-là arrivent quelquefois! l'avenir a ses secrets! Attendons, Fanchette, attendons!

FADETTE.

Expliquez-vous!

LA MÈRE FADET.

Non.. non.. il se fait tard.. et le sommeil me gagne; va te reposer; et à demain!

FADETTE.

Mais...

LA MÈRE FADET.

A demain !

I

Ce soir, oublie, en dormant,
Ton tourment,
Va, sèche tes pleurs et repose !
Si le bonheur vient demain,
C'est en vain
Que notre porte est si bien close !...
Bonne nuit !
Dors bien, Fanchette !... dors, petite !
L'heure fuit !
Et le chagrin s'envole vite !...
Pour toi... qui vivra verra !
La bonne chance viendra !...

FADETTE.

Que voulez-vous dire?

LA MÈRE FADET.

II

Les gens qui t'ont fait affront
Rougiront
De leur cruauté, de leur rage !
Tu seras fêtée un jour,
A ton tour !...

FADETTE.

Moi !

LA MÈRE FADET.

Qui sait ce que Dieu te ménage ?
Bonne nuit !
Dors bien, Fanchette !... dors, petite !
L'heure fuit !
Et le chagrin s'envole vite !...
Pour toi, qui vivra verra !
La bonne chance viendra !

Elle sort.

SCÈNE III

FADETTE, puis LANDRY.

FADETTE.

Non, non!.. ma grand'mère a beau dire.. je connais mon sort! la bonne chance ne viendra jamais?

LANDRY, entr'ouvrant la porte du fond.

Fadette!..

FADETTE.

Hein!.. Qui m'appelle?

LANDRY.

C'est moi.

FADETTE.

Landry!..

LANDRY.

Oui, Fadette. C'est moi... Landry.

FADETTE.

Vous ici!.. dans la pauvre cabane de la mère Fadet!.. sous le toit de la sorcière!

LANDRY.

Tu as quitté la fête en pleurant, pauvre fille, et je viens voir si tu es consolée.

FADETTE.

Oui, oui!.. Je ne pleure plus, monsieur Landry!.. Et je vous remercie de m'avoir défendue si bravement. Et je vous sais gré de la bonne pensée qui vous amène!

LANDRY.

Ce n'est pas seulement la pitié qui me fait venir, Fadette, c'est aussi le désir de te donner un bon avis.

FADETTE.

Quel avis? Est-ce de ne plus vous prier de danser avec moi?

LANDRY.

Ne parlons plus de ça. J'ai tenu ma promesse et je me suis conduit comme je devais. Mais, pour en revenir aux méchancetés qu'on t'a faites aujourd'hui, je pense qu'il y a un peu de ta faute...

FADETTE.

Comment ça?

LANDRY.

Veux-tu que, de bonne foi et de bonne amitié, je te dise ton tort?

FADETTE.

L'heure et le lieu ne sont guère bien choisis! Mais nous sommes seuls... ma grand'mère dort, et je suis curieuse de connaître mes défauts... Asseyez-vous là... J'écoute.

LANDRY.

Eh bien!... Fanchon Fadet, puisque tu parles si raisonnablement, et que, pour la première fois, je te vois, douce et traitable, je vas te dire pourquoi on ne te respecte pas comme une fille de ton âge devrait pouvoir l'exiger. C'est que tu n'as rien d'une fille, et tout d'un garçon, dans ton air et dans tes manières. C'est que tu ne prends pas soin de ta personne et que tu te fais paraître laide par ton habillement et ton langage.

FADETTE.

Ensuite?

LANDRY.

Tu as de l'esprit, et tu réponds des malices qui font rire ceux à qui elles ne s'adressent point.

FADETTE.

Après?

LANDRY.

Tu es curieuse, et quand tu as surpris les secrets des autres, tu les leur jettes à la figure, bien durement, aussitôt que tu as à te plaindre d'eux. Cela te fait craindre, et on déteste ceux qu'on craint. On leur rend plus de mal qu'ils n'en font.

FADETTE.

Est-ce tout?

LANDRY.

Enfin, que tu sois sorcière ou non, tu cherches à le paraître pour effrayer ceux qui te fâchent, et c'est toujours un assez vilain renom que tu te donnes là. Voilà tous tes torts, Fanchon Fadet, et c'est à cause de ces torts-là que les gens en ont avec toi. Rumine un peu la chose et tu verras que j'ai raison.

FADETTE.

Je vous remercie, Landry; mais à présent, voulez-vous que je vous réponde?

LANDRY.

Parle.

FADETTE.

Apprenez, si vous ne le savez déjà, quel a été mon sort depuis que je suis au monde... Ma pauvre mère est morte de chagrin d'avoir été trompée et abandonnée. Eh bien! les gens sont si mauvais que lorsque je pleurais à son souvenir, on me reprochait sa faute pour me forcer à rougir d'elle! Peut-être qu'à ma place une fille raisonnable, comme vous dites, se fût abaissée dans le silence; mais moi, voyez-vous, je ne le pouvais pas!... C'était plus fort que moi!... Aussi, quand on insulte cette pauvre chère âme que mon devoir est de défendre... je suis en colère et je la venge en disant aux autres les vérités qu'ils méritent! Voilà pourquoi on me croit méchante; voilà pourquoi on me déteste!... Et cela m'est égal!... Car mon cœur me dit que je fais bien!

LANDRY.

Ton cœur ne te trompe pas, Fanchon.

FADETTE.

Quant à ne prendre soin ni de ma personne ni de mes manières, cela devrait montrer que je ne suis pas assez folle pour me croire belle.

LANDRY.

Dame? Qu'est-ce qui sait comment tu serais si tu étais habillée et coiffée comme les autres? Il y a une chose que tout le monde dit : c'est que dans tout le pays d'ici, il n'y a pas une paire d'yeux comme les tiens; et si tu n'avais point le regard si hardi et si moqueur, on aimerait à être bien vu de ces yeux-là !

FADETTE.

Vous vous moquez, Landry.

LANDRY.

Non, pour sûr, je ne me moque point... mais que tu sois belle ou laide, Fanchon, tu as beaucoup de bonté, je le connais à présent! Car je t'ai fait aujourd'hui un grand affront que tu ne songes pas à me reprocher; et quand tu dis que je me suis bien conduit avec toi, je trouve, moi, que j'ai agi bien malhonnêtement.

FADETTE.

Comment donc ça, Landry ? Je ne sais pas en quoi...

LANDRY.

C'est que je ne t'ai pas embrassée une seule fois à la danse, Fanchon, et pourtant c'était mon devoir et mon droit, puisque c'est la coutume.

FADETTE.

Je n'y ai pas seulement pris garde, je vous jure. Tenez, écoutez là-bas comme les grillons chantent dans les blés! ils m'appellent par mon nom, et me disant l'heure que les étoiles marquent dans le ciel.

LANDRY.

Oui, je les entends bien aussi... Et il faut que je retourne près de Sylvinet qui m'attend à la ferme.

SYLVINET, *paraissant à la lucarne du fond.*

J'ai eu raison de le suivre! Que vient-il faire chez la Fadette.

LANDRY.

Mais avant que je te dise adieu, Fadette, est-ce que tu ne veux pas me pardonner ?

FADETTE.

Je ne vous en veux pas, Landry... et je n'ai rien à vous pardonner.

LANDRY.

Si fait, si fait, Fanchon,
Tu me dois un pardon...
C'est d'accepter de bonne grâce
Que je t'embrasse,
Pour réparer mon oubli de tantôt.

FADETTE.

Non, Landry, ne crains pas que je te prenne au mot;
De ton baiser je te tiens quitte;
C'est bien assez de m'avoir fait danser?
Séparons-nous! Sauve-toi vite!
Rien ne t'oblige à m'embrasser.

A part.

O mon Dieu! malgré moi je tremble
De joie et de peur tout ensemble!...
C'est la première fois que l'on me parle ainsi!

LANDRY, *à part.*

Près d'elle malgré moi je tremble
De crainte et d'espoir tout ensemble!
Quel doux charme m'arrête et me retient ici?

SYLVINET, *au fond.*

Ah! pour lui malgré moi je tremble!
Est-ce l'amour qui les rassemble?
Est-ce un charme maudit qui le retient ici?

LANDRY.

Puisque venant de moi, Fanchette,
La chose te déplaît, — n'en parlons plus, — adieu!

FADETTE.

Je dirais si j'étais belle : Ce n'est le lieu
Ni l'heure d'accepter un baiser en cachette...
Si j'étais rusée et coquette,
Je voudrais, m'abritant sous le voile du soir,
Te charmer, sans me faire voir.
Mais comme je ne suis ni coquette, ni belle,
Je te dis simplement : Landry, donne ta main,
Fadette se souvient de ce qu'on fait pour elle!
Nul ne m'aime aujourd'hui... sois mon ami demain!

LANDRY.

Oui, je suis ton ami, Fanchon... Voici ma main!

SYLVINET, au fond.

Il sourit à Fadette et lui donne la main!

LANDRY.

Mais l'amitié la plus honnête,
Et c'est celle que j'ai pour toi,
N'empêche pas, de bonne foi,
Que l'on s'embrasse un jour de fête...
Et si tu fais refus de céder à mes vœux,
Je pourrai croire encor que tu m'en veux!

FADETTE.

Moi, Landry! T'en vouloir!... Est-ce que je le peux!

REPRISE DE L'ENSEMBLE.

O mon Dieu! malgré moi je tremble! etc....
Etc.

LANDRY.

Ah! je comprends, Fadette, et je t'excuse
A m'embrasser je ne peux t'obliger!...
Ce baiser que l'on me refuse,
Un autre aurait, je crois, le droit de l'exiger!

FADETTE.

Un autre!... Qu'as-tu dit?... Ah! pourquoi m'outrager?
Je suis trop laide, hélas!

LANDRY.

C'est t'outrager toi-même!
Je ne sais si l'amour en toi vient tout changer
Mais tu me sembles belle enfin... puisque je t'aime!

FADETTE.

Toi, Landry... toi m'aimer!

Landry attire Fadette dans ses bras et lui donne un baiser.

SYLVINET.

Dieu! qu'a-t-il dit? il l'aime!

FADETTE.

Grâce, Landry! je meurs!
La force m'abandonne!

LANDRY.	SYLVINET.
J'ai fait couler tes pleurs, Chère Fanchon, pardonne !	La Fadette est en pleurs, Et Landry lui pardonne.

LA VOIX DE LA MÈRE FADET.

Fanchon ! Fanchon !

FADETTE.

Ma grand'mère m'appelle !

Adieu !

LANDRY.

Fanchon, je t'aime et je te trouve belle !

REPRISE.

Adieu ! Landry, etc.

Landry et Fadette se séparent. Sylvinet disparaît.

CHANGEMENT A VUE

QUATRIÈME TABLEAU

Une vieille église de village, sur un tertre ombragé de grands arbres. Un sentier, bordé d'églantines en fleurs, conduit à l'église. A droite, une route poudreuse qui se perd au loin. Paysage de printemps.

SCÈNE PREMIÈRE

PAYSANS et PAYSANNES, MENDIANTS et VAGABONDS, HOMMES, FEMMES et ENFANTS.

CHŒUR.

C'est aujourd'hui dimanche !
C'est le jour du Seigneur !
Chaque fillette, en son honneur,
Met sa cornette blanche !

C'est aujourd'hui dimanche!
C'est le jour du Seigneur!

LES MENDIANTS et les ENFANTS.

Mes bons amis, mes braves gens,
Que la pitié touche vos âmes!
Jeunes fillettes, bonnes dames,
Faites l'aumône aux indigents!

LE CHŒUR.

C'est aujourd'hui dimanche, etc.

SCÈNE II

LANDRY, seul.

Fadette n'était point parmi eux!... Comment se fait-il qu'elle manque à l'office du dimanche? Elle si pieuse d'ordinaire... et si ardente à prier!... Peut-être est-elle venue avant tous les autres!... Peut-être aussi a-t-elle voulu arriver la dernière. — Ah! voilà mon père avec Sylvinet! — Et Madelon vient de ce côté. — Entrons vite dans l'église!...

SCÈNE III

MADELON, BARBEAU, SYLVINET.

MADELON.

N'est-ce pas votre fils Landry qui se sauve si vite pour ne pas me rencontrer?

BARBEAU.

Landry!... Ce n'est pas lui assurément!

SYLVINET.

Si fait, mon père! C'est lui.

BARBEAU.

Qu'est-ce qui te parle!

MADELON.

Vous voyez, Sylvinet l'a bien reconnu.

BARBEAU.

Bah!... Sylvinet a de si mauvais yeux!... Du reste, c'est l'heure de la messe, et il se peut bien que Landry...

MADELON.

Oui, oui... pour la retrouver et s'agenouiller à côté d'elle...

BARBEAU.

Elle! Qui donc?

MADELON.

Demandez à Sylvinet.

BARBEAU.

A Sylvinet!

MADELON.

Il vous contera en quel endroit son frère Landry a couru se reposer, le soir de la Saint-Andoche.

BARBEAU.

Au cabaret, sans doute.

MADELON.

Non pas! non pas! — Sylvinet peut vous dire...

BARBEAU.

Bah! Sylvinet est si menteur!

SYLVINET.

Je n'ai point menti, mon père, puisque je n'ai point parlé.

MADELON.

Mon cousin Cadet n'est point si discret! car il m'a dit vous avoir reconnus tous les deux, ce soir-là, malgré l'obscurité... toi, caché sous les arbres de la clairière; et lui, se glissant sans bruit, dans la cabane de la mère Fadet.

BARBEAU.

Landry chez la mère Fadet! Que diantre pouvait-il aller faire-là?

MADELON.

Consoler la Fadette, pardi! ou réclamer d'elle une récompense! Quand on risque de se faire rompre les os pour sa danseuse... on a bien le droit...

BARBEAU.

Madelon!

MADELON.

Si Cadet-Caillaux était capable d'en faire autant pour mes beaux yeux... moi, je n'aurais plus rien à lui refuser! — J'accepterais tout de suite ses propositions de mariage!

BARBEAU.

Ah!

MADELON.

Et la Fadette n'a pas, je suppose, un cœur plus ingrat que le mien.

BARBEAU.

Plaît-il?

MADELON.

Je veux dire que si Landry lui offre son amour, elle n'est point fille à le refuser...

BARBEAU.

Qui! La Fadette?

MADELON.

Et s'il lui demande un jour de l'épouser...

BARBEAU.

Lui! Landry!...

MADELON.

Elle ne le fera point languir méchamment... comme j'ai fait languir jusqu'ici mon pauvre cousin Cadet.

BARBEAU.

Ah! ah! ah! vous êtes d'humeur plaisante, ce matin, Madelon, et vous voulez me faire rire!

MADELON.

Sylvinet ne rit pas.

BARBEAU.

Bah! Sylvinet ne rit jamais.

MADELON.

Non! C'est qu'il sait que je ne plaisante point.

BARBEAU.

Hein? C'est donc sérieux! Vous voulez me donner à

entendre que mon fils Landry est amoureux de la Fadette. — Allons donc! C'est un méchant conte que l'on vous a fait, Madelon! — Landry n'aime que vous, j'en réponds; Landry a trop de fierté.....

MADELON.

Bah! La Fadette non plus n'est pas sorcière pour rien!

BARBEAU.

Eh bien! mordi! nous allons voir!

MADELON.

Où allez-vous?

BARBEAU.

Je vais chez la Fadet! Je forcerai la grand'mère ou la fille à parler! Et s'il est vrai que Landry!... Si ces deux sorcières lui ont jeté un charme!...

MADELON.

Eh bien?

BARBEAU.

Je les fais chasser du pays toutes les deux, aujourd'hui même! Je mets le feu à leur tanière! Je... je ne sais pas ce que je ferai, Madelon, mais soyez sûre que Landry vous reviendra et ne vous hâtez pas d'accepter, par dépit, les offres de votre cousin Cadet, de peur d'avoir à vous en repentir toute la vie!

CADET-CAILLAUX, paraissant à part.

Hein?

BARBEAU.

Suis-moi, Sylvinet.

Il sort.

SYLVINET.

Oui, mon père. (A Madelon.) Vous avez fait par dépit, Madelon, ce que mon amitié pour Landry ne me permettait pas de faire... mais vos paroles peuvent servir, et je vous remercie de les avoir dites.

MADELON.

Ah!

SYLVINET.

Au revoir, Madelon!

Il rejoint son père en courant.

MADELON.

Tiens! tiens! voilà déjà Sylvinet qui se tourne contre la Fadette!

SCÈNE IV

MADELON, CADET.

MADELON, à part.

Je me suis peut-être trop vite engagée avec Cadet.

CADET, à part.

Bon! voilà que ça recommence!

MADELON.

Que Fadette quitte le pays, il se peut bien que Landry s'en console, et alors...

CADET.

Alors?

MADELON.

Si je suis la femme de Cadet....

CADET.

Oui...

MADELON.

Si je regrette Landry...

CADET.

Hein?

MADELON.

Et s'il revient me parler d'amour...

CADET.

Quoi?

MADELON.

Pauvre Cadet!

CADET.

Merci!

MADELON, l'apercevant.

Ah! c'est vous, cousin! bonjour. Je suis en retard, l'office est commencé... je vous laisse.

CADET.

Pardon! il faut que je vous parle!

MADELON.

Tout à l'heure, après la messe.

CADET.

Non, tout de suite. (A part.) Bah ! tant pis ! Je brave tout ! il faut en finir !

MADELON.

Qu'avez-vous donc à me dire ?

CADET.

Écoutez !

I

Je suis jeune et bel homme,
Et frais comme une pomme,
De plus j'ai quelque bien
Ce qui ne gâte rien.
Hâtez-vous de vous rendre
Sans soupirs superflus ;
Une autre peut me prendre
Et vous ne m'aurez plus !

MADELON, riant.

C'est vrai ! Je n'avais pas réfléchi...

CADET.

II

Profitez, par prudence,
De cette belle chance
Qu'on vous offre aujourd'hui,
Et gaîment, dites : Oui !
Car s'il me faut attendre
Ou subir vos refus,
Une autre va me prendre
Et vous ne m'aurez plus !

MADELON, gaîment.

Ma foi, tant pis ! j'en cours le risque ! Si quelqu'autre vous prend, j'en aurai peut-être un peu de regret, mais je ferai en sorte de ne pas en mourir !

CADET.

C'est-à-dire que vous ne voulez pas de moi !

MADELON.

Je ne dis pas çà!

CADET.

Enfin, est-ce oui, ou est-ce non?

MADELON.

Je vous répondrai une autre fois!

CADET.

Non! c'est le moment!

MADELON.

Ah! prenez garde... cousin... si vous me pressez trop... je suis capable de...

CADET.

De me refuser?

MADELON, lui riant au nez.

Au contraire! mais voilà l'office terminé! C'est vous qui m'avez empêchée d'entendre la messe! Laissez-moi! Ne me suivez pas!... Je suis furieuse contre vous!

CADET.

Cousine!

MADELON.

Laissez-moi!

Les paysans sortent de l'église et s'éloignent de différents côtés. Musique à l'orchestre.

SCÈNE V

LANDRY, *seul, descendant l'escalier qui conduit à l'église.*

Une autre mieux parée, et plus jeune et plus belle,
A sa place priait. Non! Ce n'était pas elle!
Eh bien! pourquoi chercher à la revoir?
Qu'ai-je à lui demander... Et quel est mon espoir?

I

Hélas! de ma folie
Chacun rit sans pitié!
Que Fadette m'oublie!
Que tout soit oublié!...

Mais non ! l'amour me tient ! l'amour me parle en maître !
En vain j'en fais mépris !
Un trouble tout nouveau s'empare de mon être !
Ah : Fadette ! mon cœur est pris !

II

Par quel doux sortilége,
Par quel charme vainqueur
Garde-t-elle en son piége
Ma raison et mon cœur ?
Hélas ! l'amour me tient, l'amour me parle en maître ! etc.

Fadette paraît sur le seuil de l'église.

LANDRY.

Mais que vois-je là ? Il me semble bien que c'est elle qui descend le sentier de l'église... son livre d'heures à la main... Et pourtant je n'ose me fier à mes yeux ! Ah ! elle est sorcière sûrement. Elle a voulu devenir belle, de laide qu'elle était, et la voilà belle par miracle !

SCÈNE VI

LANDRY, FADETTE.

LANDRY.

Fadette !

FADETTE.

Landry !

LANDRY.

Pourquoi passes-tu ainsi sans me parler ?

FADETTE.

Je ne te voyais pas, Landry. Mais toi, pourquoi me regardes-tu de ces yeux étonnés ? Est-ce à cause que je me suis parée ? En cela, j'ai suivi ton conseil, et j'ai pensé que pour avoir l'air raisonnable, il fallait commencer par m'habiller raisonnablement. Cependant je m'étais cachée dans le coin le plus obscur de l'église. Et je n'ose pas encore me montrer, car j'ai peur qu'on ne m'en fasse reproche et qu'on ne dise que j'ai voulu me rendre moins laide sans y réussir.

LANDRY.

On dira ce qu'on voudra, mais je ne sais pas ce que tu as fait pour devenir jolie... la vérité est que tu l'es aujourd'hui, et qu'il faudrait se crever les yeux pour ne point le voir.

FADETTE.

Ne te moque pas, Landry. On dit que la beauté tourne la tête aux belles et que la laideur fait la désolation des laides. Je m'étais habituée à faire peur, et je ne voudrais pas devenir sotte en croyant faire plaisir.

LANDRY.

Écoute, Fanchon, je vais te parler sans feinte. Dimanche dernier, à la fête, j'ai pris pour toi, sans savoir comment cela m'est venu, une amitié si forte que de toute la semaine je n'ai plus ni mangé ni dormi! Je ne veux rien te cacher, parce qu'avec une fille aussi fine que toi, ça serait peine perdue. J'avoue donc que j'ai eu honte de mon amitié le lundi matin, et j'aurais voulu m'en aller bien loin pour ne plus tomber dans cette fantaisie. Mais lundi soir j'y étais retombé déjà si bien, que j'ai passé le gué à la nuit pour rôder aux alentours de ton logis. Depuis lundi, tous les matins, je suis comme imbécile parce qu'on me plaisante sur mon goût pour toi; et tous les soirs, je suis comme fou, parce que je sens mon goût plus fort que la mauvaise honte. Et voilà qu'aujourd'hui je te vois gentille et de si sage apparence que tout le monde va s'en étonner, et qu'avant quinze jours, si tu continues comme cela, non-seulement on me pardonnera d'être amoureux de toi, mais encore il y en aura d'autres qui le seront tout autant! Je n'aurai donc plus de mérite à t'aimer, tu ne me devras guère de préférence... et le souvenir même de ce que je te dis là s'en ira bientôt de ton cœur. Tu ne me réponds rien, Fadette! tu te couvres le visage pour ne pas me regarder... pour me cacher peut-être ton rire moqueur! Mais non! tu pleures! et te voilà toute pâle!... Fanchon! qu'as-tu? réponds-moi!

Il l'a fait asseoir sur un banc de gazon.

FADETTE, après un silence, d'une voix faible.

Ne me parle plus ainsi, Landry, ne me parle plus jamais?

LANDRY.

Fadette, Fadette, que dites-vous là! C'est donc que vous me détestez?

FADETTE.

Non, Landry! mais laisse-moi m'en aller!

LANDRY.

Oh! Je vois bien que tu ne m'aimais pas! si tu m'aimais autant que je t'aime, tu ne me quitterais pas comme cela.

FADETTE.

Tu crois? Peut-être bien aussi tu ne sais ce que tu dis.

LANDRY, tombant à genoux près d'elle.

Ah! mon Dieu! si je pouvais me tromper!

FADETTE.

Moi, je crois bien que tu te trompes en effet! Je crois bien que depuis l'âge de treize ans, la pauvre Fadette a remarqué Landry et n'en a jamais remarqué d'autre! Je crois bien que, quand elle le suivait de loin, par les champs, et par les chemins, sans oser lui parler, ni se faire voir, elle devinait déjà dans son cœur ce qui la poussait vers lui! je crois bien que lorsqu'elle a fait un peu la sorcière pour l'aider à passer le gué dans la nuit et lui faire retrouver Sylvinet, c'était pour que Landry fût forcé à lui en avoir de la reconnaissance! Je crois bien que, quand elle a souhaité de danser avec lui, c'est parce qu'elle voulait essayer de lui plaire! Je crois bien que, quand il cherchait à l'embrasser et qu'elle s'y refusait, c'était par la crainte de lui apprendre son secret... ou de mourir de contentement dans ses bras.

LANDRY.

Ah! Fadette!

FADETTE.

Et toi, Landry, crois-tu maintenant que je t'aime?

LANDRY.

Oui, je te crois!... tu m'aimes!
Mon cœur lit dans le tien!
Nos souhaits sont les mêmes
Et ton rêve est le mien!...
Leur vain bonheur n'égale point le nôtre!...
Et la plus belle est laide auprès de toi!...
Un jour, crois-moi, nous serons l'un à l'autre!
A tout jamais je t'engage ma foi!...
Oui, nous voilà fiancés l'un à l'autre,
Et devant Dieu, je te donne ma foi!

FADETTE.

Hélas! songe à ton père!
Évite sa colère!
Je suis pauvre et ne peux te donner que mon cœur!

LANDRY.

De tous les miens je brave la colère!

FADETTE.

Landry me préfère!
En vain j'en suis fière!
De ses amis j'entends le compliment moqueur!

LANDRY.

Je forcerai mes amis à se taire!

FADETTE.

Madelon jalouse
Du titre d'épouse
Viendra te reprocher ta noire trahison!

LANDRY.

Que Madelon se fâche et soit jalouse,
Peu m'importe!... toi seule auras le nom d'épouse,
Toi seule auras le droit d'entrer en ma maison!

ENSEMBLE.

FADETTE.

Oui! je te crois! tu m'aimes!
Mon cœur lit dans le tien!
Nos souhaits sont les mêmes,
Et ton rêve est le mien!
Quel vain bonheur peut égaler le nôtre?
Tout noir souci s'oublie auprès de toi!
Un jour, dis-tu, nous serons l'un à l'autre!
A toi ma vie, et mon cœur et ma foi!
Oui, nous voilà fiancés l'un à l'autre!
A toi ma vie, et mon cœur et ma foi!

LANDRY.

Oui, je te crois!... tu m'aimes!
Mon cœur lit dans le tien!
Etc.

FADETTE, repoussant la main de Landry.

Mais non! quelle folie!
Laisse-moi fuir!... adieu!
Ton regard me trouble... et j'oublie
Le serment que j'ai fait à Dieu!

LANDRY.

Quel serment?

FADETTE.

J'ai juré, j'ai promis à Dieu même
De fuir, de m'éloigner, de quitter ce pays...
Tout à l'heure, aujourd'hui!...

LANDRY.

Quoi!... partir!... quand je t'aime!

FADETTE.

Il le faut!

LANDRY.

Où vas-tu?

FADETTE.

Je ne sais!... j'ai promis!...
Écoute-moi, Landry, je ne veux pas qu'on dise
Que Fadette te jette un sort!...
Chacun ici me raille ou me méprise!...

En me cachant je veux leur donner tort!...
Lorsque je serai loin, leur colère et leur haine
Peut-être enfin s'apaiseront!
Et si l'espoir un jour parmi vous me ramène
Landry pourra m'aimer sans qu'on lui fasse affront!

LANDRY.

Eh bien! écoute aussi, Fadette,
Si tu fuis, si tu pars, si je ne te vois plus,
Pour me faire oublier celle que je regrette
Tous leurs soins seront superflus!
Le chagrin dans mon âme
Versera son poison
Je braverai leur blâme
Et l'ennui, les regrets troubleront ma raison!

FADETTE.

Ah! Landry, laisse-moi mon courage!
Ne retiens plus ici mes pas!
Laisse-moi fuir devant l'outrage!
A toi je songerai là-bas!

LANDRY.

Eh! qu'importe leur fol outrage!
Ne crains plus rien... reste en mes bras!
Mais non! je comprends ton courage!
Pars!... adieu!... tu ne m'aimes pas!

FADETTE.

Ah! cruel! que dis-tu?... c'est parce que je t'aime!...

LANDRY.

Eh bien! reste ici!

FADETTE.

Non, Landry!

LANDRY.

Jusqu'à demain!

FADETTE.

Non! j'ai promis à Dieu de partir ce soir même!

LANDRY.

Et moi... moi, je me jette en travers du chemin!
Mets le pied sur mon cœur, ferme les yeux et passe.
On me trouvera mort demain à cette place.

FADETTE.

Non, lève-toi ! donne ta main !
Je jure encore que je t'aime
Et que mon cœur est tout à toi !
J'en atteste le ciel, et le jour, et Dieu même !
Mais je pars ! il le faut ! laisse-moi
Accomplir jusqu'au bout cette épreuve suprême !
Je crois à ton amour !... en tes serments j'ai foi !

ENSEMBLE.

FADETTE.	LANDRY.
Ah ! Landry, laisse-moi mon courage Ne retiens plus ici mes pas, Laisse-moi fuir devant l'outrage, A toi, je songerai là-bas.	Eh ! qu'importe leur fol outrage, Ne crains plus rien, reste en mes bras De fuir auras-tu le courage, Attends encore ! ne pars pas !

FADETTE.

Adieu ! je t'aime !... il faut nous séparer, hélas !...

LANDRY.

Elle part !... elle fuit !... elle ne m'aime pas !...

Il se laisse tomber. Sylvinet paraît et accourt pour le soutenir entre ses bras. Fadette envoie de la main un baiser à Landry et disparaît. La toile tombe sur ce tableau.

FIN DU DEUXIEME ACTE

ACTE TROISIÈME

Chez le père Barbeau. Grande salle de ferme. Portes et fenêtres au fond donnant sur la campagne. Un escalier rustique conduisant à la chambre de Landry. Grand bahut, table, bancs, etc. Un rayon de lune éclaire le fond du théâtre.

SCÈNE PREMIÈRE

BARBEAU, seul.

Quel souci! quel ennui!
Quel tracas d'être père!
Sylvinet s'est enfui!
Landry me désespère!...

Saisissant un broc de vin et remplissant son verre.

Pour noyer le chagrin,
Pour chasser l'humeur noire,
Rien n'est tel que de boire!
Rien ne vaut le bon vin!
Buvons, morbleu! buvons!... au diable le chagrin!
Tra la la la la la la
La la....

S'interrompant et repoussant son verre.

Non! c'est fini!... ma bonne humeur est morte!
Je n'ai plus soif... la joie a quitté la maison,
Depuis que Fanchon, que le diable emporte!
A de mon pauvre fils dérangé la raison!...
Mais elle n'est plus là... la fille de sorcière!...
Demain Landry
Sera guéri!...
A sa santé, vidons mon verre!

Il remplit de nouveau son verre et boit.

Pour noyer le chagrin
Pour chasser l'humeur noire,
Rien n'est tel que de boire!
Rien ne vaut le bon vin!
Tra la la la la la la
La la....

SCÈNE II

BARBEAU, CADET.

CADET.

Compère, est-ce vrai ce qu'on dit?
Faut-il en croire la nouvelle?
Votre fils a perdu l'esprit!...
L'amour lui trouble la cervelle!...

BARBEAU.

La peste soit de ce qu'on dit!...
Mon fils, malgré votre nouvelle,
Est sain de corps comme d'esprit!
C'est vous qui perdez la cervelle!

CADET.

On raconte pourtant
Qu'il n'est point bien portant
Ni brave, ni content
Depuis que la Fadette a quitté le village.

BARBEAU.

Les apprêts du gala
Me rappellent par là!...
Cadet, laissons cela!
Je ne prends point souci de tout ce babillage!

CADET.

Mais..,

BARBEAU.

Assez...

CADET.

On conte tout bas...

BARBEAU.

Bonsoir!... je ne t'écoute pas!

ENSEMBLE.

BARBEAU.

Voyez comme on bavarde!
Occupe-toi, mort-Dieu!
De ce qui te regarde,
Adieu, Cadet, adieu!

CADET.

On plaisante, on bavarde...
Souvent ce n'est qu'un jeu...
Mais ceci me regarde
Et m'intéresse un peu.

Madelon parait au fond.

SCÈNE III

Les Mêmes, MADELON.

CADET.

Tenez! la Madelon, tout comme moi, je gage,
Vient vous interroger...

BARBEAU.

Bon!... à l'autre!... j'enrage!

MADELON.

Compère, est-ce vrai, ce qu'on dit?
Faut-il en croire la nouvelle?
Votre fils a perdu l'esprit!
L'amour lui trouble la cervelle!

BARBEAU.

Oui-dà!... croyez ce qu'on vous dit...
L'amour lui trouble la cervelle!
Si mon fils a perdu l'esprit...
C'est que vous faites la cruelle!

MADELON.

Êtes-vous sans savoir
Que chacun peut le voir
Rôder seul chaque soir
Autour de la maison de Fadet la sorcière?

BARBEAU.

Quelle histoire est-ce là ?
Qui t'a conté cela ?

Montrant Cadet.

Le menteur... le voilà !
Il en veut à Landry que ton cœur lui préfère.

CADET.

Eh bien ! soit !... en effet, c'est moi !...

BARBEAU.

Il suffit !... nous savons pourquoi !

ENSEMBLE.

BARBEAU.	CADET.	MADELON.
Voyez comme on bavarde !	On plaisante, on bavarde ;	Chacun cause et bavarde
Occupe-toi, mort-Dieu !	Souvent ce n'est qu'un jeu ;	Mais ce n'est point un jeu !
De ce qui te regarde,	Mais ceci me regarde	La chose vous regarde
Adieu, Cadet, adieu !	Et m'intéresse un peu.	Et me touche fort peu.

SCÈNE IV

LES MÊMES, LANDRY.

CADET.

Chut !

MADELON.

Quoi donc ?

CADET.

Le voilà.

MADELON.

Ah ! bah !

BARBEAU.

Moi qui le croyais dans les champs !

CADET.

On dirait qu'il rêve tout éveillé !

MADELON.

Il ne nous voit seulement pas.

BARBEAU.

Landry !

LANDRY.

Ah! c'est vous, mon père! (Lui tendant la main.) Bonsoir! nos amis sont-ils arrivés! c'est aujourd'hui la Saint-Jean d'été! la moisson est finie, les blés sont dans la grange... il s'agit de se réjouir, de boire à la santé du fermier, et danser autour de la gerbaude! Me voilà prêt à trinquer gaiement, avec vous tous.

BARBEAU.

A la bonne heure!

CADET.

Tu as donc retrouvé ce soir ta bonne humeur, ami Landry!

LANDRY.

Tiens!... C'est toi, Cadet-Caillaux! Bonsoir, Cadet!... Je te fais bien mon compliment! Il paraît que la Madelon s'est décidée à t'accepter pour mari?

CADET.

Oui... oui... on le dit.

LANDRY.

Allons, tant mieux! La Madelon est belle-fille... Et l'héritage de son oncle n'est pas à dédaigner. Elle est peut-être un peu coquette, un peu vaine, un peu bavarde, un peu dépensière, un peu capricieuse, un peu... mais bast! L'amour fait passer bien des choses et une belle dot corrige bien des défauts! A quand la noce?

MADELON.

Qu'est-ce que ça vous fait, monsieur Landry?

LANDRY.

Tiens! mademoiselle Madelon! Votre serviteur, mademoiselle Madelon! Comme vous voilà parée ce soir! Je ne vous ai jamais vue si pimpante!... Le joli bonnet!... La jolie robe!... Est-ce que c'est Cadet qui vous a donné tout cela en présent de fiançailles!

MADELON.

Peut-être bien.

LANDRY.

Allons, tant mieux! Cadet-Caillaux n'est point difforme...

et les écus de sa tante défunte ne sont pas à mépriser. Il est peut-être bien un peu trop content de lui-même, un peu avaricieux, un peu poltron, un peu nigaud, un peu... mais bast!... L'amitié n'y regarde pas de si près... et l'argent donne de l'esprit aux plus... simples.

CADET.

Merci!

LANDRY.

Mes compliments, mademoiselle Madelon!

MADELON.

Bien obligée, monsieur Landry.

BARBEAU, à Cadet et à Madelon.

Qu'est-ce que vous disiez donc?... Vous voyez bien qu'il n'a point perdu le jugement.

MADELON.

Oui, oui, on le croirait guéri. A propos, Landry...

LANDRY.

Quoi donc?

MADELON.

Pourriez-vous nous dire ce qu'est devenue depuis l'an dernier votre danseuse de la Saint-Andoche?

LANDRY.

Hein?... quoi?

MADELON.

Eh! oui, vous savez bien... La Fadette!

LANDRY.

Fadette!...

Musique à l'orchestre.

BARBEAU.

Pourquoi lui reparler?...

MADELON.

Au fait, qu'est-ce qu'il a donc?

CADET.

Le voilà tout pâle!

MADELON.

Il ne nous écoute plus.

CADET.

Il ne dit plus mot !

MADELON, à Landry.

Eh bien? Vous ne répondez pas? Vous ne voulez pas nous rassurer sur le sort de celte pauvre Fanchon Fadet

LANDRY.

Fanchon Fadet!... Elle est morte !

MADELON et CADET.

Morte!

LANDRY.

Oui!... C'est Sylvinet qui m'a apporté la nouvelle.

MADELON.

Sylvinet!

BARBEAU.

Venez... J'ai besoin de vous pour les apprêts du souper.

MADELON.

Mais...

BARBEAU.

A tout à l'heure, Landry.

MADELON.

Si la nouvelle était vraie!... Si j'étais sûre !

CADET.

Allons, madame Cadet-Caillaux.

MADELON.

Pas encore!

CADET.

Plaît-il?

BARBEAU.

Votre bras, Madelon. Marche devant, Cadet.

Ils sortent.

SCÈNE V

LANDRY.

Oui, pauvre fille! Ils t'ont chassée, ils t'ont brisé le cœur, ils t'ont fait mourir de honte et de chagrin! Mais pour moi, chaque soir, Dieu te permet de revivre, de reparaître à mes yeux, et de me consoler.

I

Oui, Fadette, quand je l'appelle,
Vient à ma voix !
La voilà ! dit mon cœur, c'est elle
Et je la vois !
Quand le jour décroît et s'efface,
Quand tout s'éteint,
Est-ce le feu follet qui passe ?
Est-ce un lutin ?
Non, c'est Fadette que j'adore,
Fadette qui vient en chantant,
Qui me sourit et m'aime encore,
Et qui m'attend !

II

A l'heure où le sommeil fait trève
Au noir souci,
Je la retrouve dans un rêve !
Elle est ici !...
Comme une fée au doux sourire,
Au front charmant,
Sa voix apaise mon délire
Et mon tourment !
Oui, c'est Fadette que j'adore
Fadette qui vient en chantant,
Qui me sourit et m'aime encore,
Et qui m'attend !...

Il se laisse tomber sur une chaise.

SCÈNE VI

LANDRY, SYLVINET.

SYLVINET, accourant par le fond.

Landry! Landry! Réveille-toi! Je t'apporte une bonne nouvelle.

LANDRY.

Chut! Tais-toi, Sylvinet! ne me parle pas!.. Quand le sommeil aura fermé mes yeux... je la reverrai!.. comme hier!.. comme tous les soirs!.

SYLVINET.

Mais... Landry... écoute-moi donc!

LANDRY.

Non... Non!.. Je t'en prie, Sylvinet, je t'en supplie... Va-t'en! Laisse-moi mon rêve! Il s'endort.

SYLVINET.

Il dort! (Remontant au fond.) Fadette! Fadette!

SCÈNE VII

SYLVINET, FADETTE, LANDRY, endormi.

FADETTE, paraissant sur le seuil.

Tu m'appelles, Sylvinet?

SYLVINET.

Oui! Ne crains rien! mon père n'est point là. Personne ne t'a vue entrer dans la ferme... tu peux venir... tu peux le voir et lui parler. Le voici!.

FADETTE.

Qui? Landry?

SYLVINET.

Approche... Il dort.

FADETTE.

Ah ! pauvre Landry !.. Comme il est changé ! Comme il est pâle !.. Pourquoi as-tu attendu si longtemps pour venir me chercher ? Pourquoi ne m'as-tu pas dit plus tôt.....

SYLVINET.

Pourquoi ? (Tombant aux pieds de Fadette.) Ah ! Fadette !

FADETTE.

Quoi donc, Sylvinet ! — Relève-toi.

SYLVINET.

Non, non ! Laisse-moi te parler à genoux ! Laisse-moi tout te dire avant qu'il s'éveille. Si la fièvre brûle son sang, si le chagrin a troublé sa raison... c'est moi... c'est moi qui ai fait tout le mal, Fadette, et je m'en accuse en pleurant ! Et j'ai honte et regret de ma méchante action !

FADETTE.

Que veux-tu dire ?

SYLVINET.

Te rappelles-tu ce que tu m'as dit une fois sous la clairière ? Tu avais bien deviné... Tu avais lu mieux que moi dans mon cœur !... J'étais jaloux de l'amitié de Landry !... et j'en voulais à tous ceux qu'il aimait !... J'ai détesté d'abord la Madelon, parce que mon père voulait que Landry la prît pour femme... et que Landry ne s'y refusait point. Plus tard, tu te souviens, il arriva que Landry eut à te défendre d'un affront et il arriva aussi qu'il se prît à cette occasion, d'une subite amitié pour toi !

FADETTE.

Je me souviens !

SYLVINET.

Cette amitié-là devint bientôt de l'amour !

FADETTE.

Sylvinet !

SYLVINET.

C'est alors que je me mis à te détester, comme j'avais détesté la Madelon ! Car je pensais que tu me volais l'amitié de mon frère Landry !... et que je n'étais plus rien pour lui !... et qu'il fallait à tout prix rompre vos amours !

FADETTE.

Oh ! pauvre cœur malade !

SYLVINET.

Si tu n'étais partie de ton propre mouvement, j'aurais tout fait pour vous séparer !... Mais une fois partie, Fadette, j'aurais dû te plaindre, te respecter, et te pardonner !

FADETTE.

Eh bien ?

SYLVINET.

Eh bien !.. Landry prit tant de chagrin de ton absence, que sa tristesse me navrait le cœur, et m'irritait encore contre toi... J'ai essayé d'abord de te faire oublier... et de le guérir de son amour.... Et comme il ne m'écoutait pas, comme il s'obstinait à t'aimer et à t'attendre... je lui ai dit un jour...

FADETTE.

Quoi donc ?

SYLVINET.

Je lui ai dit... que tu ne reviendrais jamais !... qu'il ne te reverrait plus !... que...

FADETTE.

Achève donc !

SYLVINET.

Que le chagrin... le délaissement !... la misère !...

FADETTE.

Ah ! tu lui as dit ?... Il croit !...

SYLVINET.

Mon mensonge l'a frappé au cœur... comme un coup de mort.

FADETTE.

Pauvre Landry !

SYLVINET.

Depuis ce jour... sa raison s'est envolée !... J'ai tué son âme en voulant la guérir !

FADETTE.

Cruel... cruel enfant !

SYLVINET.

Mais tout espoir n'est pas perdu !... Il faut qu'il sache que j'ai menti, que tu vis, que tu l'aimes toujours !... C'est pour cela que j'ai découvert ta retraite et que je suis parti un matin sans rien dire à personne... C'est pour cela que je suis allé te chercher à la ville... et que je t'amène ici près de lui. Pardonne-moi, Fadette, et demande à Landry de me pardonner.

FADETTE.

Oui, je te pardonne, Sylvinet... et Landry te pardonnera. Mais laisse-moi seule avec lui.

SYLVINET.

Fadette, Fadette !... je n'espère plus qu'en toi !

SCÈNE VIII

FADETTE, LANDRY.

FADETTE.

Hélas ! cher Landry !... Toi aussi tu as donc souffert !... Toi aussi tu te souvenais.

LANDRY, *rêvant.*

Fadet ! Fadet ! petit Fadet !
Prends ta chandelle et ton cornet !

FADETTE.

Ma chanson d'autrefois !...

J'ai pris ma cape et mon capet !
Chaque follette a son follet !...

LANDRY.

Ah !... Fadette, quand je l'appelle,
Vient à ma voix !...
Je la reconnais !... c'est bien elle !
Oui... je la vois !...
O Dieu, fais que mon rêve
Dure jusqu'à demain !

Qu'ainsi la nuit s'achève!
Ma main est dans sa main!

FADETTE.

Non, ce n'est pas un rêve!
Landry, donne ta main!
Que cette nuit s'achève...
Tout changera demain!...
Regarde-moi!... je vis!... je respire!... je t'aime!
Ce n'est point un fantôme vain!
C'est bien moi, c'est Fanchon, c'est Fadette elle-même!...

LANDRY.

Oui, chaque soir,
Tu viens t'asseoir
A cette place...
Je te revois!
J'entends ta voix!
Mon bras t'enlace!
Puis le jour luit!...
Mon rêve fuit
Avec la nuit!

FADETTE.	LANDRY.
Non, ce n'est pas un rêve, Etc.	O Dieu! fais que mon rêve, Etc.

FADETTE.

Écoute, Landry, je te dois l'histoire
De mes tristes jours passés loin de toi!
Je ne te mens pas et tu peux me croire,
Malgré tout le mal qu'on t'a dit de moi!...

Quand je fus là-bas, de tous inconnue,
Dans la ville sombre et pleine de bruit,
Où nul ne devait fêter ma venue,
Je sentis mon cœur perdu dans la nuit!
Puis l'espoir revint avec le courage!
Et pour mériter d'être aimée un jour,
Nuls soins, nuls labeurs, nul humble servage
N'effrayaient ce cœur, avide d'amour!...

Ah! que lentement s'envolaient les heures!
Une voix souvent me disait tout bas :
« Te voilà bien loin, Fadette, et tu pleures,
« Quand Landry t'appelle et te tend les bras!... »
Je n'osais pourtant reparaître encore!...
Mais Landry, dit-on, souffre et va mourir!
Et Fanchon accourt!... Fanchon qui t'adore
Vient te consoler et te secourir.

Maintenant, Landry, je t'ai dit l'histoire
De mes tristes jours passés loin de toi!
Je ne te mens pas et tu peux me croire,
Malgré tout le mal qu'on t'a dit de moi!...

LANDRY.

Oui, c'est là l'histoire touchante
Que chaque soir tu me redis tout bas!...
O Fadette!... ta voix m'enchante!...
Reste encore un moment!... reste!... ne t'en vas pas!

FADETTE.

Je ne pars plus!... je suis ta compagne fidèle!

LANDRY.

Mais le jour va venir!... hélas! Dieu te rappelle!

FADETTE.

Non, non! que ton regard interroge le mien!...
Vois, Landry, c'est l'amour, c'est l'espoir, c'est la vie!
Interroge mon cœur!... donne ta main!... eh bien?

LANDRY.

Hélas!

FADETTE.

Que faut-il donc pour guérir ta folie?...
Pour dissiper enfin ta fièvre, ou l'apaiser!
Pour te persuader que je vis!... un baiser!

Elle se penche vers lui et effleure son front d'un baiser.

LANDRY.

Ah! Fadette!... c'est toi!... toi, de retour!... vivante!

FADETTE.

Sœur, épouse ou servante,
Je t'appartiens, je suis à toi!...

LANDRY.

Viens donc!... Rien ne peut plus te séparer de moi!

Il attire amoureusement Fadette dans ses bras.
Barbeau paraît au fond.

SCÈNE IX

LES MÊMES, BARBEAU.

BARBEAU.

Fadette! Fadette, ici!

LANDRY.

Mon père!

BARBEAU.

Que nous veux-tu? Qui te ramène? C'est toi qui as troublé la raison de mon fils, en lui jetant un sort!... Et tu viens achever ton œuvre, méchante fée!... sorcière maudite!...

LANDRY.

Taisez-vous, mon père! Ne parlez pas ainsi!

BARBEAU.

Va-t'en! Va-t'en!

LANDRY.

Non! Reste!... Je suis là!

BARBEAU.

Landry!

LANDRY.

Dites ce que vous voudrez, mon père, je la défendrai!

BARBEAU.

Contre moi?

LANDRY.

Contre tous !

FADETTE.

Adieu, Landry.

LANDRY.

Si tu pars... je te suis!... Cette fois je ne t'abandonnerai pas!... Je t'aime, Fadette, je n'aime que toi! Et tu seras ma femme! je le jure devant Dieu!

BARBEAU.

Malheureux!... je ne voulais pas te croire tout à fait privé de raison! Et maintenant...

LANDRY.

Maintenant, mon père, j'ai recouvré l'esprit!... Je ne suis plus fou!... Fadette m'a rendu la vie et le jugement!... La voici! Je la presse entre mes bras... Nul ne pourra plus me l'arracher!... C'est ma bien-aimée! c'est ma fiancée! C'est ma femme!

BARBEAU.

Jamais!... Jamais je ne consentirai!

SCÈNE X

Les Mêmes, LA MÈRE FADET.

LA MÈRE FADET.

Qu'est-ce donc? Qu'y a-t-il?

BARBEAU.

Au diable! c'est donc le sabbat cette nuit! Toutes les sorcières sont dehors!

LA MÈRE FADET.

Bonsoir, Fanchon. Sylvinet est venu m'avertir de ton retour. — Laisse-nous, Landry... J'ai à parler à ton père.

LANDRY.

Mais...

LA MÈRE FADET.

Laisse-nous...

LANDRY.

Vous voulez?...

LA MÈRE FADET.

Je t'en prie!

LANDRY.

Eh bien!... Faites que mon père consente à mon bonheur... ou ma résolution est prise!... Vous ne me reverrez plus!

Il sort.

FADETTE, à part.

Dieu!

SCÈNE X

FADETTE, LA MÈRE FADET, BARBEAU.

BARBEAU.

Que me voulez-vous? Qu'avez-vous à me dire?

LA MÈRE FADET.

Reste là, Fadette. (A Barbeau.) Et vous, venez par ici.

BARBEAU, s'asseyant.

Si c'est pour me dire la bonne aventure... ou me faire connaître l'avenir... je vous avertis que je ne crois guère à votre sorcellerie.

LA MÈRE FADET.

Oui, oui, je vous connais, père Barbeau; vous ne croyez qu'aux choses que vous touchez du doigt.

BARBEAU.

Et encore!

LA MÈRE FADET.

Aussi n'est-ce point pour faire mon métier de sorcière que je suis venue vous trouver, il ne s'agit point de vous révéler l'avenir, je ne veux que vous rappeler le passé.

BARBEAU.

Le passé!

LA MÈRE FADET.

Souvenez-vous de votre frère Sylvain, le parrain de Sylvinet... de votre frère Sylvain que le sort avait pris, et qui s'est fait tuer à la guerre, il y a de cela aujourd'hui un peu plus de vingt ans.

BARBEAU.

Eh bien?

LA MÈRE FADET.

Eh bien! avant de mourir là-bas, je ne sais où, ce pauvre Sylvain vous a, je crois, confié en dépôt, toute sa part d'héritage, — pour la remettre un jour à qui viendrait la réclamer,avec un écrit de sa main.

BARBEAU.

Qui vous a dit cela?

LA MÈRE FADET.

On ne me l'a point dit. Je le sais.

BARBEAU.

Et vous venez?

LA MÈRE FADET.

Je viens vous réclamer l'héritage en question.

BARBEAU.

Vous?

LA MÈRE FADET.

Et voici l'écrit qu'il faut.

BARBEAU.

Que signifie?

LA MÈRE FADET.

Cela signifie, père Barbeau, que votre frère Sylvain se fiait à moi pour réparer sa faute.

BARBEAU.

Quelle faute?

LA MÈRE FADET.

Vous ne devinez pas?

BARBEAU.

Non.

LA MÈRE FADET.

Ma pauvre fille séduite, abandonnée, morte de chagrin!... Et cette enfant!...

BARBEAU.

Fadette!

FADETTE, à part.

Que se disent-ils?

LA MÈRE FADET.

Si vous lui refusez votre fils Landry, laissez-lui au moins le bien de son père.

BARBEAU.

Pour lors, Fanchon serait...

LA MÈRE FADET.

Le papier en fait foi.

BARBEAU.

Avec un tel écrit dans les mains, pourquoi gardiez-vous donc ce secret-là?

LA MÈRE FADET.

J'avais promis d'attendre que Fanchette fût en âge de se marier. D'ailleurs l'argent était là, je le savais. Vous n'y avez pas touché. Vous le gardiez sous clef, honnêtement, sans rien dire à personne, — espérant peut-être, à part vous, qu'il ne vous serait jamais réclamé et qu'il servirait à accroître le douaire de vos deux enfants. Mais avec cet écrit, je n'avais qu'à parler... Je suis sûre que sans hésiter vous allez tout remettre en mes mains.

BARBEAU.

Sans doute. Je reconnais l'écriture de Sylvain... Le papier est signé de son nom!

LA MÈRE FADET.

Cet argent-là sera la dot de Fanchette.

BARBEAU.

Sa dot!

LA MÈRE FADET.

Sans compter mes pauvres épargnes.

BARBEAU.

Vos épargnes!

LA MÈRE FADET.

Que je vous apporte dans un panier.

BARBEAU.

Ah! ah! ah! mère Fadet! Ce n'est pas ça, bien sûr, qui grossira beaucoup le magot.

LA MÈRE FADET.

Qui sait? Qui sait? compère Barbeau? J'ai guéri tant de gens dans ma vie!... Avec mes remèdes de sorcière!

I

Depuis longtemps, sans dépenser grand'chose,
J'ai vécu;
N'osant tirer de mon armoire close
Un écu!...

Comme en hiver on voit la neige
Sans bruit s'épaissir sous nos pas,
L'argent s'amasse, me disais-je!...
C'est pour Fanchon! n'y touchons pas!

A Fadette, parlé.

Viens là, Fadette, prends mon panier, et compte un peu ce qu'il y a dedans.

FADETTE.

Vous voulez, grand'mère... Oh!

LA MÈRE FADET.

Oui, oui, je t'en prie. Compte avec lui, compte, ma fille!...

FADETTE, prenant le panier.

A quoi bon? Ah!....

BARBEAU.

Quoi donc?

FADETTE.

Comme c'est lourd!

BARBEAU, prenant le panier à son tour.

Donne! Le fait est que si c'était autre chose que de la vieille ferraille!...

FADETTE.

Voyons toujours!...

BARBEAU, vidant le panier sur la table.

Deux sacs de mille livres chacun pour le moins!

FADETTE.

Une bourse en peau d'anguille... et pleine d'or!

LA MÈRE FADET.

II

Sans amoureux, sans époux, sans compagne,
Sans ami,
Sur cet argent que jour à jour l'on gagne,
J'ai dormi!

BARBEAU.

Une autre bourse!

FADETTE.

Une autre encore!

LA MÈRE FADET.

Comme en hiver on voit la neige
Sans bruit s'épaissir sous nos pas,
L'argent s'amasse, me disais-je;
C'est pour Fanchon... n'y touchons pas!

FADETTE.

Ah! grand'mère!... remportez cet argent! Et vous, gardez l'héritage de votre frère Sylvain! Je n'y veux point toucher.

LA MÈRE FADET et BARBEAU.

Que dit-elle?

FADETTE.

Pauvre et sans nom et de tous dédaignée,
Landry m'aima!
C'est cet amour, triste enfant résignée,
Qui me charma!

Comme au soleil, on voit la neige
Soudain se fondre sous nos pas,
Souvent la richesse est un piége;
Gardez votre or!... je n'en veux pas!

BARBEAU.

Par ma foi ! Fanchon Fadet tu es une brave et honnête fille ! Et il ne sera pas dit que tu auras montré plus de générosité que moi ! Je sais d'ailleurs qu'à la ville, ta conduite a été irréprochable et que chacun ne pouvait se défendre de t'aimer et de t'estimer. Je sais aussi qu'en partant tu as agi en personne prudente et sage; et je devine que tu n'es revenue que pour guérir mon pauvre Landry de sa folie. Ajoute à cela l'argent de Sylvain et les écus de la Fadet qui te font une belle dot ! Et te voilà en droit de choisir ici l'époux que tu voudras.

FADETTE.

Mon choix est fait depuis longtemps !

BARBEAU.

Oui, oui !

FADETTE.

Mais je ne prétends point entrer dans votre famille malgré vous... et s'il y a encore moyen de changer les idées de Landry.

BARBEAU.

A quoi bon ?

FADETTE.

Vous consentez donc ?

BARBEAU.

C'était peut-être le souhait de mon frère Sylvain... et il faut bien faire un peu la volonté de ceux qui ne sont plus.

FADETTE.

Ah ! comment avertir Landry ! pourvu qu'il ne soit pas retombé dans sa folie !

BARBEAU.

Mettons d'abord le panier sous clef... avec le reste ! (Bruit joyeux à l'extérieur.) Ah ! voici nos amis !

SCÈNE XI

Les Mêmes, PAYSANS et PAYSANNES.

LES PETITS PAYSANS, au dehors.

Saint Jean ! Saint Jean ! Saint Jean !

LES VIEUX MOISSONNEURS.

Bonsoir, bonsoir, compère !
C'est la Saint-Jean d'été !
Par le bon vin et par la bonne chère,
Que ce jour soit fêté !
C'est la Saint-Jean d'été !

LES PETITS PAYSANS.

Saint Jean ! Saint Jean ! Saint Jean !

BARBEAU.

Mes amis, mes chers amis,
Soyez les bien-venus ! entrez ! J'attends mon fils.

LES MOISSONNEURS.

Landry ! Nous l'avons vu courant seul par la plaine,
Les regards égarés, le front nu, hors d'haleine !...

FADETTE.

Dieu ! je tremble ! j'ai peur ! cher Landry !

LE CHŒUR DES FILLES.

Le voici !
Sous la clairière sombre
Il voulait fuir dans l'ombre,
Mais nous étions en nombre
Nous l'avons fait captif et l'amenons ici.

LANDRY.

Laissez-moi ! Laissez-moi ! Le diable aura mon âme !
Je veux mourir !

BARBEAU.

Pourquoi, Landry ? Voici ta femme !

TOUS.

Fadette !

LANDRY.

Fadette !

MADELON et CADET.

Ah!

MADELON.

Cadet, voici ma main!

CADET.

J'en étais sûr, voici ma main!

BARBEAU.

Je vous invite tous, à la noce, demain!

SYLVINET, *entrant en courant.*

Et moi, comme l'oncle Sylvain,
Je me suis fait soldat pour devenir un homme!

FADETTE et LANDRY.

Cher Sylvinet!

BARBEAU, *à la mère Fadet.*

Tantôt nous complerons la somme!...

LES PETITS PAYSANS.

Saint Jean! Saint Jean! Saint Jean!

BARBEAU.

A table, mes amis!

TOUS.

A table, cher compère!...
C'est la Saint-Jean d'été!...
Par le bon vin et par la bonne chère
Que ce jour soit fêté!...

ENSEMBLE.

FADETTE et LANDRY.

O joie! ô doux bonheur si longtemps souhaité!

TOUS.

A ta santé, Landry! Fadette, à ta santé!

LES PETITS PAYSANS.

Fêtons la Saint-Jean d'été.

FIN

CHATILLON-SUR-SEINE. — IMPRIMERIE E. CORNILLAC.

www.ingramcontent.com/pod-product-compliance
Lightning Source LLC
LaVergne TN
LVHW050624090426
835512LV00008B/1655
* 9 7 8 2 0 1 2 1 5 4 6 1 2 *